»Was die modernen Kochbücher betrifft, so verfolgte ich die Inflation, die sich auf diesem Gebiet breitmacht, mit Skepsis. Ich kenne Köchinnen und Köche, die sich auf jede Neuerscheinung stürzen und ganze Bibliotheken von buntbebilderten Rezeptsammlungen besitzen; ihrem Speisezettel aber ist von diesem Überfluß wenig anzumerken. Solche Abneigung gegen das Neue gründet einerseits auf der konservativen Haltung des Kochs, erklärt sich aber anderseits auch aus der Machart dieser Bücher. Wer über einigen Kücheninstinkt verfügt, merkt gleich, daß es sich lediglich um Abgeschriebenes handelt. Ein Rezept aber, das Nachahmung verdient, . . .« hier ist die Rede von *La Cuisine de Madame Saint-Ange*. In dieser Weise leitet *Manuel Gasser* das Geheimnis Spiegeleier zu backen, ein (je älter das Kochbuch, um so größer das Vergnügen, nach ihm zu köcheln). Und in ähnlicher Weise zum Beispiel »Kochen für ganz feine Gäste« (es muß nicht immer Kaviar sein, wenn ganz feine und verwöhnte Leute zum Essen kommen. Der gute alte Ochsenschwanz tut's auch) »Der Dill- und Sahnefürst« (Dill und Sahne, schwesterlich vereint, verzauberten schon den Zarenadel) oder »Das Huhn von Marengo« (Napoleon war ein Hühnerfreund, was kann delikater sein als ein Landhühnchen).
Manuel Gassers Betrachtungen, Anregungen, Rezepte sind nicht nur genußvoll auszuführen, sondern bieten voraus schon den vorzüglichen Genuß der Lektüre.

Manuel Gassers
Köchel-Verzeichnis
Kulinarische
Erinnerungen und Erfahrungen
mit vielen seltenen Rezepten
Mit Illustrationen von
Heinz Edelmann
Insel Verlag

Diesem Buch liegen die Texte und Illustrationen
der Kochserie des ZEITmagazins »Manuel Gassers
Köchel-Verzeichnis« zugrunde.
Titelvignette von Heinz Edelmann

insel taschenbuch 96
Dritte Auflage, 25.–32. Tausend 1978
© Insel Verlag Frankfurt am Main 1975
Alle Rechte vorbehalten
Vertrieb durch den Suhrkamp Taschenbuch Verlag
Umschlag nach Entwürfen von Willy Fleckhaus
Druck: Paul Robert Wilk, Seulberg
Printed in Germany

Manuel Gassers
Köchel-Verzeichnis

Vergnügen mit Kochbüchern. Alte Kochbücher sind deshalb in hohem Grade aufschlußreich, weil sie Einblick ins gesellschaftliche Gefüge eines Landes oder einer Zeit gewähren und dabei den Gegenstand von seiner zugleich realsten und schmackhaftesten Seite

8

angehen. Man kann darum dem Schriftsteller, der eine in der Vergangenheit spielende Geschichte zu schreiben vorhat, nur raten, die einschlägige Kochliteratur zu konsultieren. Er wird dort reizvolle Einzelheiten nicht nur über Eßgewohnheiten und Tafelsitten, sondern auch über den Tageslauf der Hausherrin, die Behandlung des Gesindes und tausend andere Dinge herauslesen.

Von Nutzen für die eigenen Kochkünste sind diese Schmöker allerdings nur dann, wenn sie nicht mehr als hundert Jahre alt sind. Was vor 1870 zu Papier gebracht wurde, ist für unsere Verhältnisse meist zu üppig und zeitraubend. Auch wird stets das Vorhandensein eines Holzherdes vorausgesetzt, und da ist dann der Koch, der auf Gas oder Elektrisch angewiesen ist, bald am Ende seines Lateins. Oder versuchen sie einmal in einer modernen Küche den Trick, der darin besteht, daß man den Topf vom Feuer auf die Herdplatte zieht, die weniger als heiß und mehr als nur warm zu sein hat ...

Was die modernen Kochbücher betrifft, so verfolge ich die Inflation, die sich auf diesem Gebiet breitmacht, mit Skepsis. Ich kenne Köchinnen und Köche, die sich auf jede Neuerscheinung stürzen und ganze Bibliotheken von buntbebilderten Rezeptsammlungen besitzen; ihrem Speisezettel aber ist von diesem Überfluß wenig anzumerken. Sie stehen zu ihren Stammgerichten und die abertausend mexikanischen, balkanischen oder indonesischen Rezepte auf dem Bücherbord sind reine Theorie.

Solche Abneigung gegen das Neue gründet einesteils auf der konservativen Haltung des Kochs, erklärt sich aber anderseits auch aus der Machart dieser Bücher. Wer über einigen Kücheninstinkt verfügt, merkt gleich, daß es sich lediglich um Abgeschriebenes handelt. Ein Rezept aber, das Nachahmung verdient, sollte vom Verfasser nicht einmal, sondern fünfzigmal ausprobiert worden sein.

10

Da lobe ich mir ein umständlich-altmodisches Kochbuch wie »La Cuisine de Madame Saint-Ange« des Verlages Larousse.

Nicht nur, daß Mme. de Saint-Ange nicht die geringste Kleinigkeit ausläßt und, beispielsweise, bei ihrer Anleitung zum Abkochen von Artischocken sagt, daß der Stiel nicht abgeschnitten, sondern ausgedreht wird – wir vernehmen auch, wie und vor allem weshalb dieses Ausdrehen zu geschehen hat: um das Eindringen des Kochwassers in den Blütenboden der Artischocke zu gewährleisten.

Für das Rezept für **Spiegeleier** braucht die Verfasserin anderthalb engbedruckte Seiten. Denn Eigelb und Eiweiß müssen die genau gleiche Konsistenz haben, und außerdem soll der Dotter mit einer leicht irisierenden Haut, eben dem »Spiegel«, überzogen sein. Das läßt sich aber nur bewerkstelligen, wenn die Eier in einem feuerfesten Geschirr zubereitet werden, das so bemessen ist, daß sich das Weiße vom Ei nicht zu sehr ausdehen kann und deshalb nicht vorschnell hart wird. Die Prozedur geht dann folgendermaßen vor sich:

Auf der heißen Herdplatte oder auf kleinstem Feuer läßt man die Butter schmelzen und schlägt die Eier hinein. Unverzüglich wird dann das Pfännchen in die Bratröhre geschoben, wo die Spiegeleier bei etwas stärkerer Ober- als Unterhitze in drei bis vier Minuten zur Vollkommenheit geraten.

Kochanleitungen dieser Art soll man entweder gar nicht oder dann mit peinlicher Genauigkeit befolgen. Sie sind im Lauf von Generationen zu einer Form herangereift, an der es nichts mehr zu verbessern gibt, und die die Bezeichnung klassisch verdienen.

11

Ein klassisches Rezept kann die einfachsten Zutaten erfordern, in seiner Ausführung aber so kompliziert sein, daß dasjenige für »Bœuf à la mode« – die französische Spielart des Schmorbratens – in einem ebenfalls klassischen Kochbuch viereinhalb Seiten beansprucht. Ein anderes wiederum kann so einfach sein, daß es in einem einzigen Satz mitgeteilt werden kann. So etwa dasjenige für *echt neapolitanische Spaghetti:*

Acht Knoblauchzehen werden in Olivenöl gebräunt, herausgefischt, worauf das Tomatenmark beigegeben, aufgekocht und über die al dente gegarten Teigwaren gegossen wird. Fertig. Wer dem Sugo Gewürze, Kräuter oder was weiß ich beigibt, erhält ein Phantasieprodukt, aber keine klassischen »Spaghetti Napoli«.

Man hat geltend gemacht, daß Kochbücher nur das Abc der Küche seien und daß die wahre Kochkunst erst beim eigenständigen Kombinieren beginne. Schon wahr. Leider aber macht sich manche und mancher als perfekter Analphabet ans Erfinden; lassen sie sich zu einem exotischen Gericht die erlesensten Zutaten einfallen, um dann bei einer so simplen Sache wie dem dazugehörenden Trockenreis zu versagen. Dabei gibt es mindestens vier klassische Arten, **echten Kreolen-Reis** zu bereiten. Die einfachste sei hier mitgeteilt:

Salzwasser, dem man den Saft einer Zitrone beigegeben hat, wird zum Kochen gebracht, der gewaschene Reis hineingeschüttet und sprudelnd fünfzehn Minuten gekocht. Von jetzt an probiert man fortlaufend, indem man ein Reiskorn herausfischt und zwischen den Fingerspitzen zerdrückt. Sobald der Reis gar ist, schüttet man ihn in ein Sieb und breitet ihn auf einer vorge-

12

wärmten Platte aus. Diese gibt man in den warmen Backofen und wendet den Reis sanft mit einer Gabel während zwanzig Minuten von Zeit zu Zeit.

Ein Hauch von Knoblauch. Als junger Mensch verbrachte ich ein Jahr in Arles-en-Provence, wo sich damals noch einige Alte an den »verrückten Maler« van Gogh erinnerten. Um mir eine einigermaßen regelmäßige Ernährung zu sichern, schrieb ich mich fürs Mittag-

14

brot in einer Familienpension ein. Das Etablissement war in einem ehemaligen Frauenkloster untergebracht, und seine Besitzerin nannte sich Mademoiselle Sérail. Sie trug auf ihrer graumelierten Frisur das Samthäubchen der Landestracht und nahm sich aus wie eine

15

wohlbeleibte Variante von van Goghs »Arlésienne«. Betrat man kurz nach zwölf die gewölbte Eingangshalle der Pension, so schlugen einem köstliche Gerüche entgegen, in denen der Knoblauchduft dominierte. Denn kaum ein provenzalisches Gericht kommt ohne dieses exquisite Liliengewächs aus.

Aus den Hügelbergen hinter der Stadt bezog die Sérail-Küche den Großteil ihrer Ingredienzen: Lämmer und Zicklein, gelegentlich auch Hasen und Rebhühner, Safran und Küchenkräuter, grüne Mandeln, Baum- und Haselnüsse und jene winzigen Schnecken, die man an den Straßenrändern von Stauden und Halmen abstreift. Sie kamen gesotten mit Aioli – einer Knoblauch-Mayonnaise – auf den Tisch. Mlle. Sérail griff dann in ihre Frisur und zog ebenso viele Haarnadeln heraus, als Gäste vorhanden waren. Denn die Haarnadel ist das einzige Instrument, das sich zum Herausangeln dieser Mini-Gastropoden eignet. Beim ersten Mal hat mich dieses ungewohnte Eßbesteck etwas schockiert; mit der Zeit gewöhnte ich mich daran.

Die Salzsteppe der Camargue, die sich von Arles bis Saintes-Maries-de-la-Mer breitet, versah Mlle. Sérail mit Süßwasser- und Meerfischen, Krabben und kleinen Taschenkrebsen, die zusammen mit Safranreis gekocht wurden. Aus Aalen, die wenig mehr als eine Spanne lang waren, wurde die »Bouillabaisse gardiane« bereitet, eine Fischsuppe, zu der es nur gerade das braucht, was der Gardian – der Stierhirt der Camargue – stets zur Hand hat: Olivenöl, Knoblauch, Safran, Salz und Pfeffer.

Auf dem Speisezettel der Pension stand zuweilen auch eine **Hühner-Bouillabaisse.**

16

Wenn sie für vier Personen reichen soll, genügt ein schweres Brathuhn, das in acht Stücke zerteilt wird, die während zwanzig Minuten mariniert werden. Die Marinade besteht aus einem Glas Olivenöl, einem Teelöffel Safran, Salz und Pfeffer und einem Gläschen Pernod. In einem Topf werden eine Zwiebel und vier zerdrückte Knoblauchzehen gedünstet. Dazu gibt man vier geschälte, entkernte und kleingeschnittene Tomaten. Wenn alles zu Mus verkocht ist, fügt man vier Zweiglein Fenchel, ebensoviel Petersilie und zuletzt die Hühnerstücke samt der Marinade bei, füllt den Topf mit siedendem Wasser auf und läßt alles zehn Minuten zugedeckt kochen. Dann werden vier rohe Kartoffeln in dicke Scheiben geschnitten und beigegeben. Man läßt auf kleinem Feuer weiterköcheln, bis das Huhn und die Kartoffeln gar sind, deckt ab, läßt bei großer Hitze etwas einkochen, schmeckt mit Salz und Pfeffer ab und richtet sie über altbackene, mit Olivenöl beträufelte Brotschnitten an. Ist die Suppe ausgelöffelt, so reicht man zu Huhn und Kartoffelscheiben eine Soße, die man während der Garzeit des Gerichtes folgendermaßen zubereitet hat. Im Mörser werden eine Knoblauchzehe, vier kleine, scharfe Pfefferschoten mit einem kleinen Glas Olivenöl zerstoßen. Hinzugefügt werden die kurz gebratene Hühnerleber, sechs Suppenlöffel Brühe und vier der darin gekochten Kartoffelscheiben. Alles wird mit dem Mörserstößel so lange bearbeitet, bis eine geschmeidige Soße entsteht.

An Fasttagen gab es manchmal **Brandade de Morue.** Diese Stockfischpaste herzustellen, ist so zeitraubend, daß sie heute meist aus Großbetrieben

17

fertig bezogen wird. Mlle. Sérail war für dieses ihr Lieblingsgericht keine Mühe zuviel.

Für vier Personen braucht es ein Pfund Stockfisch, reichlich einen halben Liter Olivenöl, ebensoviel Milch, je ein Zweiglein Thymian und Petersilie, ein Lorbeerblatt, eine Knoblauchzehe und vierzig Gramm Butter. Der Stockfisch wird über Nacht gewässert, in Stücke geschnitten und in einem Sud pochiert, welchem man Thymian, Petersilie und Lorbeerblatt beigegeben hat. Wichtig ist, daß die Haut des Fisches nicht entfernt wird; denn diese gibt der Paste ihre typische, sämige Konsistenz. Nun wird das Fischfleisch in eine Kasserolle geschüttet, mit einem Glas Olivenöl befeuchtet und alles über kleinstem Feuer mit einem Holzlöffel umgerührt. Gleichzeitig werden das restliche Öl und die Milch in zwei getrennten Pfännchen lauwarm gemacht. Abwechselnd wird nun dem Stockfisch, den man ohne Unterlaß umrührt, von der einen und der anderen Flüssigkeit beigegeben, bis eine gleichmäßig-dickflüssige Paste entsteht. Man schmeckt sie mit etwas Salz ab, fügt ihr den ganz fein gehackten Knoblauch bei, gießt sie in ein flaches, feuerfestes Geschirr, bestreut sie mit Butterflöckchen und überbäckt sie leicht.

»Brandade de Morue« wird in der Provence zu Gemüsen – Karotten, Fenchelknollen, Kohl usf. – gegessen, die in Bouillon oder Fischsud abgekocht wurden. Auch Salzkartoffeln passen dazu.

Diese Erinnerungen an die Pension Sérail seien beschlossen mit dem Rezept für »pois chiches« oder **Kichererbsen,** die dort als simple, aber köstliche Vorspeise aufgetischt wurden. Es ist an Einfachheit

18

nicht zu überbieten, erfordert aber eine sehr lange Kochzeit.

Die über Nacht eingeweichten Erbsen werden in Salzwasser vier Stunden lang gekocht, abgegossen und mit Olivenöl beträufelt. Man genießt sie ohne jede Beigabe, um den eigentümlichen Geschmack der Erbsen und des Öls nicht zu beeinträchtigen. Allerdings sollte »huile vierge«, kaltgepreßtes Olivenöl, verwendet werden, das das volle Aroma der frisch gepflückten Frucht enthält. Und wo findet man dieses heute noch?

Des Junggesellen Trost. Als Max Frisch wieder einmal Junggeselle war, wohnte er in einem Bauernhaus am unteren Zürichsee. Er kochte selbst und mit Vorliebe einen Reistopf, dessen Rezept er seinerzeit aus Mexiko mitgebracht hatte. Es lautete ähnlich denjeni-

20

gen aller Reis-Eintopfgerichte, die ja immer Reis mit
Fleisch und Gemüse kombinieren und darauf abstellen,
daß diese drei Ingredienzen dieselbe Garzeit haben,
also zusammen aufgesetzt und dann sich selber überlassen werden können. Dieser einfachen und überdies

21

narrensicheren Zubereitungsart verdanken sie ihre Beliebtheit in der Junggesellenküche. Denn der Gastgeber kann alles im voraus zurichten, um dann, wenn sich sein Tischgenosse meldet, nur die heiße Fleischbrühe zuzugießen. Die zwanzig Minuten, die das Gericht auf kleinem Feuer oder im Ofen schmort, ergeben dann die ideale Zeitspanne für den Aperitif.

Für den mexikanischen **Reistopf à la Frisch** werden

ziemlich grobe Würfel von Rind-, Kalb- und Schweinefleisch – insgesamt etwa 150 bis 200 Gramm pro Person – in Fett oder Öl ringsum angebraten. In einem Topf dämpft man eine gehackte Zwiebel und einige Knoblauchzehen mit dem Reis – eine Tasse pro Kopf – bis alles glasig ist. Dann fügt man die angebratenen Fleischwürfel und reichlich grobgehacktes Gemüse hinzu, würzt mit Salz, schwarzem und rotem (Cayenne-) Pfeffer, begießt mit heißer Fleischbrühe und läßt zwanzig Minuten köcheln.

Frisch zufolge eignet sich für dieses Gericht jede Gemüsesorte, die Garten oder Markt gerade bieten; nur eine ist seiner Ansicht nach unumgänglich: Lauch. Auch ersetzt er bald die eine, bald die andere Fleischsorte durch das gleiche Quantum Leber, Niere oder Wurst. Ich habe den mexikanischen Reistopf in der Folge immer von neuem variiert, oft vier, fünf und mehr verschiedene Gemüse aufs Mal verwendet, aber – getreu dem kategorischen Imperativ – stets streng darauf geachtet, daß Lauch mit von der Partie war . . .

Ein anderes Reisemitbringsel, das seither zum eisernen Bestand meiner Küche gehört, ist der **Sizilianische Reis,** dessen Rezept der Photograph

22

Werner Bischof von einer Reportage über den Thunfischfang an der Westküste der Insel nach Hause brachte. Auch dieses Gericht eignet sich vorzüglich für den Junggesellenhaushalt; auch es läßt der Phantasie breiten Spielraum.

Die Basis bildet ein gut gewürzter, weißer Risotto, zu dessen Herstellung nur Reis, Olivenöl, Zwiebel, Knoblauch und Fleischbrühe verwendet werden. Man stellt den Topf mit dem ofenheißen Reis mitten auf den Tisch und umgibt ihn mit einem Kranz von Schalen oder Tassen mit pikanten Beigaben, wie: zerbröckelter Thunfisch, Sardinen, Sardellen, Krabben, Gabelbissen, Tintenfisch in Öl, aber auch eingemachte Pfefferschoten, grüne und schwarze Oliven, Perlzwiebeln, Cornichons, Artischockenböden, Steinpilze usf. Jeder Gast garniert seinen Reis nach Lust und Laune und begießt schließlich alles mit der Kapernsauce, die auf einem Kerzen- oder Spiritus-Rechaud bereitsteht. Ihre einzigen Bestandteile sind Kapern und süße Sahne, in die man ganz wenig Stärkemehl eingerührt hat. Wichtig ist, daß sie stets nahe dem Siedepunkt gehalten wird.

Auch soll sie so großzügig bemessen sein, daß sie bis zum Ende des Schmauses vorhält.

Nach diesen beiden südländischen Reisrezepten ein nordisches, das ebenfalls den Vorteil hat, die Anwesenheit des Gastgebers in der Küche nicht zu erfordern. Ich habe es vor Jahren aufgeschrieben und mir auch den Namen des Gerichts gemerkt — es heißt **Maksalaatikko** —, weiß aber nicht mehr, ob es schwedischer oder finnischer Herkunft ist.

Für vier Personen braucht man dazu 600 Gramm geschnetzelte Rindsleber, eine Zwiebel, zwei Eier, ein

23

Glas Milch, drei Tassen in Salzwasser beinahe gar ge-
kochten Reis, einen Kaffeelöffel Zucker, drei bis vier
Eßlöffel Sultaninen und Gewürze nach Belieben.

Die Leber wird mit der feingehackten Zwiebel
rasch angebraten und warm gestellt. In einer Schüssel
verquirlt man die Eier mit der Milch, gibt den vorgekoch-
ten Reis und die Sultaninen dazu und vermischt alles
mit dem Zucker und den Gewürzen. Dann wird die Le-
ber unter die Masse gehoben, alles in eine feuerfeste
Form gefüllt und in der Backröhre bei 220 Grad eine
Stunde geschmort. Preiselbeermus ist die ideale Er-
gänzung zu Maksalaatikko.

Schade, daß die Süßspeisen auf Reisbasis so gut
wie ganz aus der Mode gekommen sind! In den Kochbüchern von einst machten sie fast die Hälfte aller Reis-
rezepte aus, und mit Wehmut erinnere ich mich an
den **Riz à l'Impératrice,** der bei meinen Großeltern
an Festtagen auf den Tisch kam. Der weiße, leicht gela-
tinierte Reisberg, der mit kandierten Kirschen, Apfelsi-
nen- und Reineclaudenstückchen rot, orange und grün
gesprenkelt und außerdem mit einem Kränzchen aus
verzuckerten Parmaveilchen gekrönt war, erfreute Augen und Gaumen im gleichen Maße. Er wurde kalt und
mit einer geeisten Johannisbeersauce serviert. Sein
Rezept habe ich mir aufgehoben; da es aber gut und
gern zwei Stunden Arbeit erheischt, und das Ergebnis
wahrscheinlich Tausende von Kalorien birgt, hat seine
Mitteilung wenig Sinn. Außerdem findet man es in den
meisten Kochbüchern des vorigen Jahrhunderts. Ein
weniger aufwendiger Nachtisch aus Großmutters Rezeptbuch sei verraten: **Riz à la Nesselrode.**

375 Gramm Zucker werden mit dem Saft von zwei

24

Orangen und einer Flasche Weißwein zu einem dicklichen Sirup geklärt, in welchem man 250 Gramm Reis gar kocht. Man drückt die Masse in eine zylinderförmige, mit Wein ausgespülte Form, läßt diese auf Eis erkalten und stürzt sie dann auf eine Schüssel. Als Verzierung dienen Orangenschnittchen und eingemachte Kirschen. Das Ganze wird mit einer kalten Orangensauce übergossen.

Ferenc kocht einfach und vernünftig. Einer der besten Köche, die ich kenne, ist mein Freund Ferenc. Er kocht nicht aus Spaß oder aus Langeweile, sondern einzig darum, weil ihm als Junggesellen das Essen im Restaurant verleidet ist. Und wenn man bei ihm zu Tisch

26

ist, so gibt es keine komplizierten Gerichte mit gerösteten Mandeln und Ananas, keine elaborierten Nachspeisen und nichts Flambiertes, sondern einfache Hausmannskost.

Ferenc ist vor achtzehn Jahren als halbes Kind aus

27

Ungarn ausgewandert und in unsere Stadt gezogen. Diese Herkunft spürt man dann auch seiner Kochkunst an, die noch immer einen leicht magyarischen Einschlag hat. Das gibt sich vor allem an der häufigen Verwendung von Topfen zu erkennen, was eine Art weißer Käse ist und in den nachfolgenden Rezepten zur Not durch Speisequark ersetzt werden kann. Im übrigen hat seine Küche keine Geheimnisse; sie zeichnet sich vielmehr aus durch Einfachheit und das Bestreben, dem Rohmaterial seinen Eigengeschmack zu bewahren und diesen voll zur Geltung zu bringen. Bei den Gemüsen geschieht das dadurch, daß Ferenc sie in Butter dünstet und keine andere Flüssigkeit dazugibt als die paar Wassertropfen, die nach dem Putzen und Waschen am Kochgut hängenbleiben. Wichtig aber ist bei dieser Zubereitungsart, daß man nicht vor dem Dünsten, sondern erst dann salzt, wenn der Kochprozeß abgeschlossen ist. Bei den meisten Gemüsearten dauert das Dünsten nicht länger als eine Viertelstunde; viel Zeit hingegen nimmt sich Ferenc für ein Gericht aus *jungen Karotten:*

Ein Stück Butter wird auf starkem Feuer unter fortwährendem Rühren gelb gemacht, ein Eßlöffel Zucker hineingetan und abermals eine Weile gerührt. Man gibt einen Teelöffel Mehl und die gut gereinigten und gewaschenen, aber nicht zerschnittenen Karotten dazu und rührt sie ständig, bis sie bräunlich geworden sind. Darauf wird kochende Fleischbrühe und etwas Salz beigegeben und der Topf fest verschlossen, damit die Karotten in kurzer Brühe langsam gar schmoren, was je nach Größe und Reifegrad eine Stunde und mehr dauert. Die gleiche Zubereitungsart eignet sich auch für Kohlrabi, die man aber nicht ganz, sondern in fingerdicke Stücke geschnitten schmort.

Sehr zu empfehlen ist auch **Weißkohl à la Ferenc:**

Ein kleiner Weißkohlkopf wird in feine Streifen geschnitten, gesalzen, eine halbe Stunde ruhen gelassen, dann ausgewrungen und in Schweineschmalz gedünstet. Auf einem zweiten Feuer bereitet man eine helle Schwitze aus 60 g Butter und 60 g Mehl, die man mit etwas Brühe, viel schwarzem Pfeffer und sehr viel Tomatenmark aufkocht. Diese Sauce, die dickflüssig sein muß, wird über den gedämpften Kohl gegossen; Hackbraten oder Schweinskoteletten passen am besten zu diesem Gemüse.

Auch aus den ganz aus der Mode gekommenen **gedörrte Bohnenkerne** macht Ferenc ein delikates Gericht:

Die Bohnen, die über Nacht im Wasser gelegen hatten, werden mitsamt dem Einweichwasser und einem Stück geräuchertem Speck zwei bis drei Stunden gekocht. Dann gibt man gedörrte Birnen oder Zwetschgen dazu, kocht eine halbe Stunde weiter und verfeinert das Gericht mit einer Tasse süßer Sahne und zwei Eßlöffeln Paprika.

Für **Topfenknödel** benötigt Ferenc ein Pfund Topfen, 3 Semmeln, 3 Eier, 100 g Mehl, 150 g Butter, 150 g Paniermehl, 3 Tassen saure Sahne und Staubzucker.

Der Topfen (oder Quark) wird mit den drei Eidottern und der Sauersahne zu einer geschmeidigen Masse verrührt. Man schneidet die Semmeln in kleine Würfel, röstet diese in Butter an, vermischt sie mit dem Mehl und dem zu Schnee geschlagenen Eiweiß, läßt die Masse eine Weile ruhen und formt dann Knödel daraus, die so lange im Salzwasser gekocht werden, bis sie schwimmen. Man fischt sie heraus, läßt sie abtropfen, wälzt sie in geröstetem Paniermehl und bestäubt sie mit dem Zucker.

Noch besser als die Topfenknödel schmecken mir die **Topfennudeln,** Wie jedes Nudelgericht ist auch dieses am delikatesten, wenn es aus hausgemachten Nudeln hergestellt wird. Hat man für diese Prozedur keine Zeit,

so nimmt man möglichst breite Bandnudeln, kocht diese »al dente«, das heißt nicht zu weich, läßt sie abtropfen, brät in einer Pfanne eine Handvoll Speckwürfel aus, gießt diese über die Nudeln, vermischt alles mit glattgerührtem Topfen oder Quark, gibt es in eine ausgebutterte, feuerfeste Form und überbäckt es im Ofen während einer Viertelstunde. Dazu serviert man reichlich saure Sahne.

Eine einfache Nachspeise, deren man aber nie müde wird, sind **Palatschinken.**

Pro Person verrührt man ein Ei, einen gestrichenen Eßlöffel Zucker, eine Prise Salz und drei gestrichene Eßlöffel Mehl mit etwas Sodawasser zu einem sämigen Teig, gibt ganz wenig Butter in eine Omelettpfanne, gießt einen Suppenschöpflöffel Teig hinein und bäckt den Pfannkuchen auf beiden Seiten goldgelb. Man legt ihn auf einen heißen Teller, häuft etwas Topfen darauf, den man vorher mit einem Eigelb und abgeriebener Zitrone glattgerührt hat, klappt ihn zusammen und stellt ihn warm, um mit dem Rest des Teiges auf die gleiche Weise zu verfahren. Anstelle von Topfen oder Quark

30

kann als Füllung auch Aprikosenkonfitüre dienen; je dünner die Palatschinken geraten, um so mehr werden sie in ihrem Herkunftsland geschätzt!

Dazu sei bemerkt, daß Julie Hahnl, berühmte Mehlspeisen-Spezialistin und seit bald vierzig Jahren Köchin der fürstlich Liechtensteinischen Familie, ihre Palatschinken nicht wie Ferenc im Teig, sondern erst nach dem Füllen zuckert. Und da wir schon bei dieser fast legendären Kochkünstlerin sind, sei ihr in »Julies Geheimnisse aus dem Fürstenhaus Liechtenstein« mitgeteiltes Rezept für **Kaiserschmarren nach Schloßart** zitiert:

6 Eidotter mit zwei Eßlöffeln Zucker, 200 g Mehl, $1/2$ Liter Milch, Vanille und geriebener Zitronenschale gut verrühren, 50 g Butter erhitzen und einrühren. 6 Eiklar zu steifem Schnee schlagen und in die Masse einziehen. Eine Pfanne gut ausbuttern und die Masse vorsichtig hineingießen. Bei mäßiger Hitze im Rohr etwa 15 Minuten goldgelb backen. Mit einem Messer in der Pfanne in kleine Würfel schneiden, mit einer Schaufel vom Boden lösen und für weitere fünf Minuten nochmals ins Backrohr stellen. Mit Staubzucker bestreuen.

Zu dieser Mehlspeise, die von Julie als ein Lieblingsgericht des Fürsten Franz Josef II. bezeichnet wird, empfiehlt die Schloßköchin von Vaduz **Zwetschgenröster.**

In einer Kasserolle halbierte und entkernte Zwetschgen mit etwas Zimtrinde, Gewürznelken und Zucker halbweich rösten und dann mit etwas Wasser aufgießen.

31

Futter für Löwe und Einhorn. Die Zwiespältigkeit des englischen Nationalcharakters, die durch die Schildhalter des Staatswappens – Löwe und Einhorn – symbolisiert wird, zeigt sich auch in der Landesküche: sie ist einesteils herzhaft-derb wie rechte Löwenkost

32

und andernteils nach Einhornart romantisch-verspielt. Was daher rührt, daß ihre Grundlage den Gegebenheiten einer eher kargen Natur angepaßt ist – einer Tier- und Pflanzenwelt, die die ausgefallenen und ausgetüftelten Ingredienzen der französischen Küche etwa nicht hergibt. Eines Tages aber waren den Engländern alle Köstlichkeiten Indiens und der Inseln in den Sieben Meeren zugänglich und wurden mit einhornhafter Phantasie der etwas ungeschlachten britischen Ur-Küche aufgepfropft. Und zwar geschah das vorzüglich in Form von allerlei feurig gewürzten Saucen und Beilagen, mit denen ein währschaftes englisches Steak, eine Hirschkeule oder eine gesottene Lammschulter aufgeheitert werden.

So etwa die **Cumberland Sauce,** die man zwar auch in Gläsern kaufen kann, mit Vorteil aber selber und folgendermaßen herstellt:

Es braucht dazu zwei große Gläser Portwein, etwas weniger als die Hälfte Orangensaft, die in ganz feine Streifen geschnittene Schale von drei bis vier Orangen, zwei Eßlöffel Zitronensaft, eine Tasse Johannisbeergelee und eine Spur Cayenne-Pfeffer. Die Orangenschale wird in Portwein zehn bis fünfzehn Minuten gekocht, wobei sich die Flüssigkeit fast auf die Hälfte verringert. Dann gibt man alle andern Bestandteile bei und läßt noch einmal zehn Minuten köcheln.

Diese Sauce wird auf dem Kontinent meist kalt zu Wild- oder Geflügelpastete serviert; in England ißt man sie auch heiß zu gebackenem Schinken.

Eine andere Beigabe, die es an vielseitiger Verwendbarkeit mit der Mayonnaise aufnehmen kann ist die **Mustard Sauce.**

Die Dotter von drei sehr hart gekochten Eiern werden mit drei Dessertlöffeln scharfen Senfpulvers (Colman's), drei Teelöffeln Zucker, wenig Salz und Olivenöl im Mixer püriert oder mit einer Gabel so lange bearbei-

34

tet, bis eine Sauce von der Konsistenz einer dünnflüssigen Mayonnaise entsteht.

Sie wird zu kaltem Fleisch oder Fisch gereicht, und nie schmeckt Kopfsalat besser als mit ihr als einziger Beigabe.

Schon fast ein Zugemüse ist sodann die **Blumenkohl-Sauce,** eine ideale Begleiterin von Kalbfleisch oder gesottenem Huhn.

In einen halben Liter Kalbfleischbrühe gibt man einige frische oder getrocknete Pilze, eine feingehackte Sardelle und einen Eßlöffel Zitronensaft, läßt alles langsam verkochen, fügt einen Viertelliter Sahne bei, zwei zerquirlte Eidotter und etwas feingeschnittenen, in Salzwasser gekochten Blumenkohl, läßt nochmals aufwallen und serviert warm.

Der Sage, daß die Engländer nur in Wasser abgekochte Gemüse essen, widerspricht – unter vielem andern – dieses **Rosenkohl-Rezept:**

Die Röschen werden mit ganz wenig Wasser und Salz auf kleinem Feuer halbweich gedämpft. Man gießt sie ab und stellt sie warm. Im heißen Ofen brät man Kastanien (ein Pfund Kastanien auf ein Pfund Rosenkohl), die man mit einem scharfen, spitzen Messer aufgeschlitzt hat. Nach einer Viertelstunde Bratzeit befreit man sie von Schale und Haut, zerbröckelt sie, dämpft sie fünf Minuten in Butter, vermischt sie mit dem Rosenkohl und trägt das Gemüse heiß auf.

Aus **Kastanien** bereitet man in England auch eine delikate **Suppe.** Ein altes Rezept schreibt dafür vor:

Die Kastanien werden geschält, blanchiert, enthäutet und in Fleischbrühe langsam weich gekocht, worauf man ein Dutzend zum Einlegen in die Suppe

35

ganz läßt, die übrigen mit zwei Eßlöffeln geriebenem Weißbrot, zwei Teelöffeln Salz, einer Prise Pfeffer und etwas Muskatnuß zu Brei stampft, den man mit der Fleischbrühe, in der die Kastanien gekocht wurden, anfeuchtet und dann mit der nötigen Menge Fleischbrühe und Milch vermischt, so daß auf je einen Liter Fleischbrühe ein halber Liter Milch kommt. Die Suppe wird noch einmal kurz aufgekocht und dann über die ganzgebliebenen Kastanien und gerösteten Semmelschnitten angerichtet.

Soviel über Saucen und Suppen. Was nun das Fleisch betrifft, so fehlen uns für die glorreichsten englischen Gerichte sowohl die technischen Hilfsmittel, wie offenes Feuer, Spieß und Rost, als auch das Fleisch schottischer Mastochsen, das Haar- und Federwild englischer Wälder und die Fische und Schalentiere der Irischen See. Ich begnüge mich darum mit ein paar einfachen Rezepten, die überall realisierbar sind.

Cock-a-Leekie zum Beispiel ist ein volkstümliches Gericht, für das man

ein Suppenhuhn und ein schönes Stück mageres Rindfleisch sowie ein bis zwei Dutzend in Stücke geschnittene Lauchstangen benötigt. Man kocht alles mit Salz und Pfeffer, zerlegt dann das Geflügel und das Fleisch und serviert beides, nachdem man die Suppe gelöffelt hat mit einer kräftigen, kalten oder warmen Sauce.

Ur-englisch ist auch der **Hotch-Potch.**

Dafür wird ein Kilo mageres Rindfleisch in fünf bis sechs Zentimeter große Stücke geschnitten und mit einem kleinen Stück fettem Rindfleisch in zweieinhalb Li-

36

ter Wasser und einem viertel Liter Bier mit einigen Kalbsknochen zum Kochen gebracht. Nachdem man abgeschäumt hat, fügt man einen Löffel Salz, zwei große, in Scheiben geschnittene rote Rüben, zwei Zwiebeln, zwei weiße Rüben, etwas Blumenkohl und Sellerie bei, verschließt den Topf und läßt drei Stunden kochen. Mit sechzig Gramm Butter und einem Kochlöffel Mehl bereitet man eine braune Schwitze, verkocht sie mit einem Teil der Brühe, schüttet sie in den Topf, würzt mit etwas scharfem Ketchup, läßt alles nochmals aufkochen, serviert zuerst die Suppe und dann das Fleisch im Kranz der Gemüse.

Zu den englischen Nationalgerichten gehört auch der **Brot-und-Butter-Pudding.** Die Marquise von Bath erzählt in ihren Memoiren, daß sich ihre Schwiegerfamilie vor der obligaten, alljährlichen Frankreichreise eine Woche lang ausschließlich von **Bread and Butter Pudding** ernährt habe – teils um den Magen für die oft stürmische Kanalüberfahrt nicht zu sehr zu belasten, teils um ihm vor den Strapazen der Pariser »Haute Cuisine« eine Schonzeit zu gewähren. Nach einem Rezept, das älter als hundert Jahre ist, wird so verfahren:

In eine mit Butter ausgestrichene Form legt man kleine, dünne Brotschnitten, von denen jede mit Butter bestrichen ist. Über jede Lage streut man Zucker, Zimt und ausgequellte Korinthen, dann wieder eine Schicht gebuttertes Brot, bis die Form zu drei Vierteln gefüllt ist, worauf man das Ganze langsam mit ³/₄ Liter Sahne übergießt, die mit fünf Eiern, dem Saft einer Zitrone und etwas Zucker und Rum verquirlt wurde. Der Pudding wird eine Stunde lang gebacken und mit einer Frucht- oder Wein-Sauce serviert.

Küchenerinnerungen - anekdotisch-praktisch. *Und hast du mir auch etwas mitgebracht? fragte sie, als ich mit meinem Reisebericht zu Ende war. Natürlich, log ich, das Rezept für ein kambodschanisches Nationalgericht. Es heißt* **Somkiart Sokhoo,** *das nächste Mal koche*

38

ich es dir. In Wahrheit hatte ich in Angkor französisch
gegessen und Somkiart Sokhoo ist ein Eigenname; übrigens gar kein kambodschanischer. — Als sie dann zum
Nachtmahl kam, kochte ich eine Kreuzung aus indi-
schem Curry und javanischem Nashi Goreng und ver-

39

zierte das Phantasiegericht mit allem, was mir gerade unter die Hand kam: Mildem und Scharfem, Süßem und Bitterem.

Monate darauf, als ich die Zusammensetzung meiner Kreation längst vergessen hatte, kam ihr Geburtstag heran. Ich fragte sie, was sie sich zum Festessen wünsche. Somkiart Sokhoo antwortete die Unselige mit einer Betonung, die keinen Widerspruch duldete . . .

Ich ging mit einem Freund in eine Zürcher Beiz essen, und als wir die Treppe in den ersten Stock hinaufstiegen, drang aus der Küche ein Duft, der unverkennbar von der mit Zwiebeln, Champignons und Weißwein bereiteten Lokal-Spezialität »Geschnetzeltes Kalbfleisch« stammte. Das gab uns Appetit auf dieses Gericht; es war jedoch auf der Speisekarte nicht zu finden. Ich fragte die Wirtin, die gerade in der Gaststube die Runde machte, ob wir es trotzdem haben könnten. Selbstverständlich! Aha, sagte ich, Sie führen zwar Geschnetzeltes, aber sie setzen es nicht auf die Karte, weil es so wenig ausgibt und man fast nichts daran verdient. Da lächelte sie mir treuherzig-verschmitzt zu und meinte: Ich sehe, Sie sind auch Wirt!

Auf Sardinien waren wir beim Grafen X. zu Gast, der in einer halbverfallenen tenuta im Süden der Insel hauste. Wir brauchten nicht lange, um herauszufinden, daß wir in einen bargeldlosen Haushalt geraten waren, der ausschließlich aus den Erträgnissen eines total verwilderten Bodens lebte. Zum Frühstück gab es geronnene Schafmilch und die Früchte des riesigen Feigenkaktus, der neben der Haustür stand. Gegen Mittag er-

40

griff der Hausherr seine Flinte, drückte auch mir eine in die Hand, und sagte munter: Nun wollen wir uns einen Braten für das Mittagmahl schießen. Unterwegs setzte er mir auseinander, daß es seiner Ansicht nach unfair sei, Kaninchen und Federwild mit Schrot zu schießen. Nur die Kugel zieme einem echten Sportsmann. Nach zwei Stunden Pirsch unter der stechenden Julisonne hatten wir glücklich ein winziges Kaninchen und eine Felsentaube erlegt; welch letztere indessen infolge des angeblich einzig weidgerechten Geschosses ganz zerfetzt war. Wir pflückten ein paar wilde Kräuter und brieten unsere Beute am offenen Feuer.

Als der inzwischen zu Ruhm gekommene Regisseur Y. noch »arm, doch froh« ein Pariser Kellertheater leitete, lud er mich zum Mittagbrot. Er führte mich in ein winziges Hotelzimmer in der Nachbarschaft des »Vieux Colombier«, das außer Bett, Tisch, Stuhl und Schrank nur einen schadhaften, mit Sprüngen gesprenkelten Lavabo enthielt. Darin lagen in Papier verpackt verschiedene Eßwaren: Hackfleisch, Zwiebeln, Eier, Kapern usf., und Y. schickte sich an, aus allem ein **Beefsteak tartare** zu mixen. Ich sah der Prozedur mit gemischten Gefühlen zu, und um irgend etwas zu sagen, fragte ich, ob sein Steak auch Sardellen enthalte. Ach, meinte mein Gastgeber, Sie machen auch Beefsteak tartare? – Ja, recht oft sogar. – Das wundert mich, denn es muß gar nicht leicht sein, sich in Zürich Pferdefleisch zu beschaffen . . . Als ich diese Geschichte meiner Freundin E. erzählte, wurde sie von einem akuten allergischen Hautausschlag befallen.

41

Rom. Am Gründonnerstag waren wir beim amerikanischen Star-Photographen Z. zu Gast. Er wohnte in einem Appartement des Palazzo Orsini und hatte – vermutlich dem Tagesnamen zuliebe – das Mahl ganz auf grün abgestimmt. Tischtuch und Servietten waren mit Efeuranken bestickt, man aß von grünen Fayence-Tellern, die Tischdekoration bestand aus Lorbeerzweigen, als ersten Gang gab es **Tagliatelle verdi** – mit Spinat grün gefärbte Nudeln –, es folgte ein Fisch mit grüner Genueser-Sauce, der gemischte Salat zeigte alle Abschattierungen von Grün, und den Beschluß machte zartgrünes Pistazien-Eis. Und um diese Symphonie in Grün akustisch zu untermalen, spielte während des Essens ein Bandgerät Musik von Monteverdi . . .

Von Anekdoten hat man nicht gegessen; darum ein paar Küchenerinnerungen, die Süßspeisen betreffen und deren Nachahmung zu empfehlen ist.

Eine datiert aus den ersten Nachkriegsjahren, als in England selbst so renommierte Häuser wie das Randolph Hotel in Oxford einen äußerst spartanischen Speisezettel führten. Wir feierten dort ein Examen, und als Nachtisch wurde lediglich Vanille-Eis geboten. Da der Diplomand, der mit Vornamen Gordon hieß, sehr verschleckt war, bestellte ich zusätzlich

eine Portion eingemachten Ingwer. Diesen zerschnitt ich in ganz kleine Stücke, vermischte sie mit dem Gefrorenen, begoß das Ganze mit dem Zuckersirup, in welchem die aromatischen Wurzeln geschwommen hatten, und taufte die bitter-süße Speise **Coupe Gordon.**

42

Sie pflegt bei Ingwer-Liebhabern guten Zuspruch zu finden.

Eine ähnlich einfache und leckere Kombination wurde mir in einer Mailänder Trattoria vorgesetzt. Sie besteht aus einem Würfel

Haselnuß-Eis, über den man einen sehr starken, sehr süßen und sehr heißen Espresso-Kaffee gießt.

Aus dem Restaurant »Antico Barrile« in Florenz stammt eine Nachspeise, die den Vorteil besitzt, gleich für zwei Gänge – Käse und Dessert – zu stehen:

Ein Brocken **ricotta** *(diesseits der Alpen ersetzt man diesen Weißkäse durch Speisequark) wird leicht gezuckert und mit Marsala übergossen. Das leicht Bittere dieses sizilianischen Weines vermählt sich mit dem Quark und dem Zucker aufs köstlichste.*

Zum guten Ende ein Entrement, das der Meisterkoch Raymond Oliver, Besitzer des »Grand Véfour«, für Jean Cocteau erfunden und ihm zu Ehren **Fraises Jean Cocteau** getauft hat:

Acht Makaronen werden mit einem Glas Kirsch übergossen. Man läßt sie ein paar Minuten ziehen, schlägt einen halben Liter Sahne steif, zuckert sie und parfumiert sie mit Kirsch. Eine Schüssel wird mit den marinierten Makaronen ausgelegt, diese mit einem halben Pfund Erdbeeren und dem Schlagrahm bedeckt. Man dekoriert das Ganze mit halbierten Erdbeeren und verzuckerten Veilchen und stellt es in einem Gefäß mit zerkleinertem Eis ein paar Stunden kalt.

43

Erfahrungen mit Suppen. Meine Erfahrungen mit Suppen machte (und mache) ich bei zwei ganz verschiedenen Gelegenheiten: an den »Montagen« der fünfziger Jahre und jeden Frühsommer während meines marokkanischen Urlaubs.

Die »Montage« waren ein regelmäßiges, zwanglo-
ses Zusammensein mit Freunden. Die Zusammensetzung der Gäste war von Mal zu Mal verschieden; großer
Wert wurde auf bunte Mischung der Berufe und Alters-
stufen gelegt. Auch war man bemüht, nach Möglichkeit

45

durchreisende Künstler und andere Koryphäen zuzuziehen. Die Gästezahl bewegte sich zwischen acht und vierzehn. Man aß zu zweit und zu dritt von kleinen, niedrigen Tischchen, die vor die Fauteuils, Stühle und die beiden Kanapees geschoben wurden. Da keine Bedienung vorhanden war, mußte die Bewirtung aufs äußerste vereinfacht werden. So gab es als Aperitif nur Sherry oder Port, zum Essen Rotwein oder Bier, zum Kaffee Kirsch oder Cognac, und später hatte man die Wahl zwischen Whisky und Himbeersirup. Das Essen bestand jahraus, jahrein nur aus Suppe, die sich jeder aus einem im Nebenzimmer aufgestellten Topf selber schöpfte. Zum Nachtisch gab es ein Stück Torte.

Da die Suppenmahlzeiten einen langen Abend vorhalten mußten, enthielten sie pro Kopf der Geladenen jeweils 100 bis 125 Gramm Fleisch, Schinken oder Speck in mundgerecht zugeschnittenen Stücken; denn es wurde nur ein Löffel aufgelegt. Wir hatten ein Standard-Programm, das sich turnusmäßig wiederholte und so lautete: Erbsensuppe mit geräuchertem Schweinehals; Linsensuppe mit Speck; Tomatensuppe mit Fleischbällchen; Kartoffelsuppe mit Wurst; Suppe aus weißen Bohnen mit Lamm- oder Schaffleisch; Kuttelsuppe; Borschtsch mit Rindfleisch und saurer Sahne; Gulaschsuppe.

Im Spätsommer und Herbst gab es als Saison-Einlage eine Minestrone; die enthielt alle Gemüse, die der Markt gerade bot, dazu getrocknete Burlotti-Bohnen, die am Abend zuvor eingeweicht worden waren, und reichlich Speck. Und im Winter wurde der Borschtsch durch eine andere russische Suppe ersetzt, die **Stschi** heißt.

Man hackt einen Weißkrautkopf, gibt dazu ebenso-viel Sauerkraut, bestäubt alles mit einem gehäuften Löf-fel Mehl, kocht es in einer kräftigen Bouillon weich, fügt einen viertel Liter saure Sahne dazu und gießt die Suppe über das kleingeschnittene Rindfleisch, aus dem man die Bouillon zubereitet hatte.

War diese erste Suppenperiode eine praktische Maßnahme zur Ernährung vieler Gäste ohne großen Aufwand, so wurde mir die zweite durch die Landessitte diktiert. Denn ihr Schauplatz ist eine kleine, am Ozean gelegene Stadt in Marokko, wo es (noch!) kein Hotel und deshalb keine Europäer gibt. Meine Gäste sind darum Einheimische, und diese sind gewohnt, am Abend nur Suppe – auf arabisch **Harira** – zu essen.

Nun muß man wissen, daß die Marokkaner nicht nur äußerst gastfreundlich sind, sondern auch Gast-freundschaft als Selbstverständlichkeit von jedermann erwarten. Was es dem Hausherrn zur Pflicht macht, je-den, der sich zur Essenszeit unter seinem Dach befin-det, auch zu Tisch zu bitten. Die Anzahl meiner Gäste hängt darum vom Zufall der gerade anwesenden Besu-cher ab. Sie wird nach oben nur begrenzt durch die Größe des Steintisches, der im Innenhof am Rande des Springbrunnens steht. Da ich so im voraus nie weiß, ob vier, sieben oder zehn Gäste bewirtet werden müssen, kommt mir die Vorliebe für die Abendsuppe oder Harira sehr gelegen; denn eine Suppe kann durch Hinzufügen von Fleischbrühe und nährenden Ingredienzen wie Reis, Nudeln, Kartoffeln, Brotschnitten usf. beliebig verlängert werden.

Im Gegensatz zu den Montag-Suppen sind meine marokkanischen Hariras reine Phantasieprodukte. Sie

47

werden täglich neu erfunden. Und das nicht etwa abends in der Küche, sondern frühmorgens auf dem Markt.

Ausgangspunkt der **Harira-** Komposition ist jeweils das Fleisch oder der Fisch, der ihr Herzstück bilden soll. Haben wir erst das Stück

Hammelfleisch oder Lamm, einen Laib Kamelhack oder irgendein Meertier erstanden, so gehe ich mit Abdelatif, dem Küchenjungen, die Gemüsestände lang und wähle aus, was zur jeweiligen »pièce de résistance« am besten zu passen scheint:

Zuckererbsen oder Saubohnen, Auberginen, Peperoni und Tomaten, Gurken und Zucchetti, kleine weiße Rüben, Karotten, Blumen-, Feder-, Rosen- und Weißkohl, Schwarzwurzeln und Kartoffeln – die Auswahl ist sinnverwirrend und die Kombinationsmöglichkeit unendlich. Denn mit den Suppen verhält es sich ein wenig wie mit den Cocktails: auch dem Anfänger gelingen dabei Weltpremieren – es braucht nur etwas Phantasie und Mut dazu. Und noch etwas: Man schläft nie besser als nach einem Nachtmahl, das ausschließlich aus Suppe bestanden hat!

Wenn ich einmal keine Zeit habe, mich selber um die Abendsuppe zu kümmern, so macht Abdelatif eine klassische marokkanische **Harira** – so, wie er sie von seiner Mutter gelernt hat.

Es ist ein Stück in zwei Akten; denn zuerst wird die Bouillon **(Tka-taâ)** folgendermaßen zubereitet:

Ein halbes Pfund kleingeschnittenes Schaffleisch, ein paar Knochen, ein Pfund kleine, ganze Zwiebeln, etwas Safran, ein Kaffeelöffel Pfeffer, ein nußgroßes Stück Butter, Salz und ein halbes Pfund Linsen werden

48

mit anderthalb Liter Wasser neunzig Minuten gekocht.

Zweiter Akt:

In einem andern Topf bringt man einen Liter Wasser zum Kochen, gibt ein Kilo passierte Tomaten und ein Stückchen Butter dazu, läßt eine Viertelstunde köcheln und schüttet die Brühe aus dem ersten Topf bei, in dem man Fleisch, Linsen und Gemüse zurückläßt. Nun werden 200 g Mehl mit einem Liter Wasser verrührt und langsam in die Suppe gegossen, die man zu diesem Zweck vom Feuer gezogen hat. Abdelatif setzt den Topf wieder auf die Flamme und rührt fleißig, bis der Siedepunkt erreicht ist. Schließlich zerstampft er ein Sträußchen frischen Koriander und ein Büschel Petersilie mit Salz im Mörser, gibt Wasser und ein Glas Zitronensaft dazu, schüttet alles in die Suppe, läßt sie heiß werden und trägt sie auf. Mit den hier angegebenen Quantitäten reicht die Harira für acht bis zehn Gäste.

Cucina povera - Armeleute-Küche. Meine Freundin Madeleine gehört zu den seltenen Frauen, die nicht der Mode folgen, sondern selber Mode machen. Und das auf dem Gebiet der Garderobe sowohl, als auf jenem der Küche und der Gastlichkeit im allgemeinen.

50

Selbstverständlich machen die von ihr lancierten Moden keinen Anspruch auf Weltgeltung. In ihrem Freundeskreis aber werden ihre Einfälle und Kreationen bewundert, beneidet und nachgeahmt. So, als sie – vor Jahren – die erste war, die einen echten marokkanischen Kaftan aus Goldbrokat als Abendkleid trug. Und als dann bald darauf soundso viele Kaftane auf Bällen und Gala-Diners auftauchten, ging sie prompt zu einer neuen Stilisierung über.

Als noch allgemein die chinesische und die indonesische Küche Trumpf waren, lud Madeleine zu einem genuinen japanischen Essen und veranstaltete dann, als bald jedes Warenhaus sich auf den Fernen Osten umgestellt hatte, einen Russen-Tee, bei dem vom Samowar über die mit Fisch und Fleisch gefüllten Pirogen bis zum Eingemachten und Süßgebäck alles seine Richtigkeit hatte.

Ihr letzter Schrei heißt »Cucina povera«, zu deutsch Armeleute-Küche. Wie sie auf die Idee kam, weiß ich nicht. Zu vermuten ist, daß dem Schlagwort die »Arte povera« genannte Kunstrichtung Pate stand und daß Madeleine die raffinierten und komplizierten Gerichte ihrer eigenen Küche und jener ihrer Bekannten eines Tages satt hatte und sich zu einer spektakulären Gegenmaßnahme entschloß.

Die neue Linie war schon beim Aperitif erkennbar. Der mit einem Dutzend Flaschen bestückte Bar-Wagen blieb in seiner Ecke, dafür stand ein gutgekühlter, spritziger Landwein auf dem Tisch; man mischte diesen bäurischen Appetittrunk mit einigen Tropfen Sirup aus schwarzen Johannisbeeren und aß dazu selbstgebackene, noch ofenwarme **Käsestangen.** Letztere fanden großen Anklang. Man fragte nach dem Rezept und erhielt es auch:

Nachdem man 120 Gramm Butter schaumig gerührt hat, fügt man nach und nach nach 240 Gramm feingeriebenen Emmentaler, 100 Gramm feingeriebe-

52

nen Parmesan, 240 Gramm Mehl, eine Prise Cayenne-Pfeffer, eine Prise Salz und drei Eßlöffel Wasser hinzu, arbeitet die Masse tüchtig durch, rollt sie auf einem mit Mehl bestrichenen Brett halbzentimeterdick aus und schneidet sie in Streifen, die, mit Ei bestrichen, bei mäßiger Hitze gebacken werden.

Man ging zu Tisch. Als einzigen Gang gab es eine **lombardische Kuttelsuppe,** in ihrer Heimat **Busecca** geheißen. Es war ein Mittelding zwischen Suppe und Brei, so nahrhaft wie wohlschmeckend. Wieder erntete die Hausfrau Beifall, und wieder wurde nach dem Rezept gefragt. Doch diesmal brauchte nicht diktiert zu werden, denn Madeleine konnte auf das liebenswerte Büchlein von Alice Vollenweider verweisen, das »Aschenbrödels Küche« betitelt und im Diogenes Verlag erschienen ist. Dort nimmt die Busecca einen Ehrenplatz ein, und ihre Zubereitung wird folgendermaßen beschrieben:

»Borlotti-Bohnen werden zwölf Stunden in kaltem Wasser eingeweicht. Dann gießt man das Einweichwasser ab, füllt frisches kaltes Wasser auf, salzt leicht und kocht sie in eineinhalb bis zwei Stunden weich. Ein mittlerer Grünkohlkopf, drei bis vier Karotten, zwei Lauchstengel, einige Sellerieblätter, zwei Salbeiblätter, Majoran und Basilikum werden ganz fein geschnitten und mit 100 Gramm Speckwürfeln vom gesalzenen Speck in dreißig Gramm Butter so lange gedämpft, bis der austretende Saft den Boden des Topfes bedeckt. Man löscht mit heißer Knochen- oder Fleischbrühe ab und läßt aufkochen. Dann fügt man vier feingeschnittene Kartoffeln und vier geschälte, zerkleinerte Tomaten bei und läßt alles auf kleinem Feuer anderthalb

Stunden köcheln. Schließlich gibt man die vorgekochten Borlotti-Bohnen und ein Pfund kleingeschnittene, vorgekochte Kutteln dazu, salzt wenn nötig und kocht die Suppe noch eine halbe Stunde weiter. Sie wird mit viel geriebenem Parmesan serviert.«

Wer diese Busecca zu üppig findet, versuche es mit einem Rezept das aus der Brianza, der Gegend zwischen Mailand und den oberitalienischen Seen, stammt und nur die folgenden Ingredienzen enthält:

Ein Pfund gekochte Kutteln, eine mittlere Zwiebel, Salz, Pfeffer, drei Gewürznelken, ein Eßlöffel Tomatenpüree, zwei große, in Scheiben geschnittene Karotten, zehn Gramm Butter und zwanzig Gramm Speck, vier Selleriestangen und fünfzig Gramm große, gedörrte Bohnen (facioli di Spagna), die eingeweicht mit einer Speckschwarte vorgekocht wurden. (Die Schwarte wird am Schluß feingeschnitten der Suppe beigegeben.) Das Prozedere ist das gleiche wie bei der Vollenweider-Busecca.

Doch zurück zu Madeleines Armen-Küche. Zum Nachtisch gab es **getrocknete, in Portwein marinierte Feigen** – nach einem so schweren Hauptgang genau das Richtige. Da ich mich nicht erinnerte, diesem Dessert je in einem Kochbuch begegnet zu sein, bat ich um das Rezept. Umsonst – es war Madeleine vom Chef eines der bekanntesten Restaurants unserer Stadt mit der Auflage, es nicht weiterzugeben, anvertraut worden. Schade. Vor kurzem aber trennte sich jener Koch von seinem Arbeitgeber, Madeleine fühlte sich von ihrer Schweigepflicht entbunden und verriet mir ihr süßes Geheimnis:

54

1 kg getrocknete Feigen werden gewaschen und eine halbe Stunde gewässert. Dann wird aus $^1/_2$ l Wasser, einem Pfund Zucker, 1 Zimtstengel, einer Zitronenschale und 2-3 Gewürznelken ein Sirup bereitet, die Feigen darin aufgekocht, vom Feuer gezogen und, halb erkaltet mit einem Glas Portwein übergossen. Wenn das Kompott ganz ausgekühlt ist, gießt man die Hälfte der Flüssigkeit ab und ersetzt sie durch die gleiche Menge Portwein.

Das Huhn von Marengo. In Frankreich kennt diese Geschichte jedes Kind: Am Abend der Schlacht von Marengo nahm Bonaparte, vom Siegen müde und hungrig, in einem kleinen lombardischen Bauernhaus Quartier. Die Bäuerin hatte nichts Eßbares in der Küche, aber

56

sie wußte sich zu helfen. Ein Hühnchen wurde ge-
schlachtet und in Olivenöl mit Knoblauch, Tomaten, Pil-
zen und einer handvoll Oliven geschmort. Seither steht
das Verlegenheitshuhn als **Poulet à la Marengo**
in allen französischen Kochbüchern und auf unzähligen

57

Speisekarten. Allerdings, wenn Napoleon wiederkäme, er erkennte sein Siegeshuhn kaum wieder; denn die Küchenchefs glaubten es mit Trüffeln, Krebsen und was weiß ich was herausputzen zu müssen. Sie nahmen ihm damit sein Bestes: die klassische Einfachheit. Das Originalrezept hingegen lautet so:

Ein zartes Hühnchen wird in acht Stücke zerteilt und rundherum in Olivenöl goldbraun gebraten, aus dem Topf genommen und warm gestellt. Man gießt das Öl ab, gibt zwei große, vollreife, in Stücke geschnittene und ausgekernte Tomaten in den Topf, läßt sie unter ständigem Rühren zergehen, fügt zwei Gläser Weißwein und ein Glas Fleischbrühe bei, läßt die Sauce um ein Drittel einkochen, gibt einen Kaffeelöffel Tomatenmark und zwei zerdrückte Knoblauchzehen, zwanzig ausgekernte Oliven und ein Dutzend Champignons dazu, stellt das Feuer klein und deckt den Topf zu. Während die Sauce sanft köchelt, verknetet man ein nußgroßes Stück Butter mit etwas Mehl und fügt es zerpflückt der Sauce bei. Dann gibt man die Hühnerstücke in den Topf zurück und wärmt alles rasch auf, doch ohne daß es zum Kochen kommt.

Damit sind wir beim Thema Huhn. Dieses Federvieh zählt seit Urzeiten zu den Grundpfeilern der Küche aller Länder, seine Verwendungsmöglichkeiten für Suppen, Vorspeisen, Hauptgerichte und Salate sind nicht auszumachen, sein Fleisch zählt zu den delikatesten – vorausgesetzt, man wisse sich ein echtes Landhühnchen zu verschaffen, das während seines kurzen Daseins von früh bis spät Körner, Kräuter und Würmer im Freiland gepickt hat. Gelingt es einem, diese Selten-

58

heit aufzutreiben, dann brät man das Hühnchen am besten ohne alle Fisimatenten am Spieß oder im Ofen und trägt es mit einer Beigabe auf, die sein köstliches Aroma nicht beeinträchtigt. Mit **Braunen Birnen in Weißwein** zum Beispiel.

Vier bis fünf Winterbirnen mit brauner Schale werden der Länge nach geviertelt. In einer Pfanne läßt man einen Eßlöffel Zucker zergehen und bräunen, löscht mit einem Glas Weißwein ab und kocht gut auf, damit sich der hart gewordene Zucker wieder löst. Man gibt die Birnenschnitze bei und läßt sie auf kleinstem Feuer gar werden, indem man sie fleißig mit dem austretenden Saft begießt und, wenn nötig, etwas Weißwein beifügt.

Ist man auf die Produkte moderner Hühnerindustrie angewiesen, dann ist mehr Küchenkunst am Platze. Hier ein Rezept, das ich dem Chef eines Zürcher Mövenpick-Restaurants, Christian Bonvin, verdanke.

Dazu braucht es je vier Pouletbrüste und -schenkel, $^1/_4$ Tasse gehackte Schalotten oder Zwiebeln, 120 Gramm entsteinte, geviertelte Kurpflaumen, einen Viertelliter trockenen Weißwein, doppelt soviel Sahne, einen Eßlöffel Cognac, etwas Mehl, einen halben Liter Hühnerbrühe, Salz, Pfeffer und Majoran. Und so wird es gemacht:

Die Pouletteile mit Salz, Pfeffer und Majoran würzen. Butter in einer Pfanne erhitzen. Die Pouletteile auf mittlerem Feuer allseitig anbraten, aus der Pfanne nehmen und warm stellen. Die gehackten Schalotten (oder Zwiebeln) in die Pfanne geben und dünsten, mit Mehl bestäuben, mit Weißwein ablöschen, die Hühnerbrühe aufgießen, gut verrühren. Die Hühnerstücke der Sauce beigeben und auf kleinem Feuer etwa eine halbe

59

Stunde gar schmoren. Die geschmorten Pouletstücke aus der Sauce nehmen und diese durch ein Sieb passieren. Die passierte Sauce unter ständigem Rühren etwas einkochen lassen, die Sahne und die Kurpflaumenviertel beifügen und nochmals bis zum Siedepunkt erhitzen. Die Pouletstücke der Sauce beigeben, mit Salz und Pfeffer abschmecken und mit Cognac verfeinern.

Zu diesem Gericht empfiehlt Maître Bonvin indianischen Wildreis als Risotto oder Trockenreis zubereitet. Aber auch Butternudeln passen vorzüglich zu **Poulet aux prunes.**

Eine echte, kräftige Hühnersuppe wird von Zeitgenossen, die sonst mit Würfelbrühe abgespeist werden, in der Regel begeistert begrüßt. Hier ein Rezept für **Poule au pot,** wie sie den Gästen des Pariser Restaurants »Grand Véfour« aufgetischt wird:

Vorgängig wird eine große Zwiebel in der Ofenröhre so lange gebraten, bis sie dunkelbraun, ja fast schwarz ist. Dann wird das Huhn in den Topf gelegt und nur so viel kaltes Wasser hinzugefügt, daß das Tier gerade bedeckt ist. Man bringt zum Kochen, schäumt ab, gibt eine kleine, mit drei Nelken besteckte Zwiebel hinzu sowie Lauch, Karotten und eine kleine weiße Rübe, läßt wieder aufkochen, schäumt noch einmal ab, salzt, gibt die braungebratene Zwiebel sowie ein Sträußchen mit aromatischen Kräutern bei, läßt alles ungefähr anderthalb Stunden leise köcheln. Wenn das Huhn gar ist, fischt man die beiden Zwiebeln und das Kräuterbukett heraus, stellt das Huhn und die Gemüse warm und serviert zuerst die hochkonzentrierte Brühe in Tassen und darauf das Geflügel mit den Gemüsen.

Wem Suppenhuhn zu fade ist, kann aus dem erkalteten Fleisch einen **Tscherkessischen Hühnersalat** bereiten.

Dazu püriert man eine in Würfel geschnittene, in Hühnerbrühe eingeweichte Semmel mit einer Handvoll Walnußkerne, einer gehackten Zwiebel und einer halben Tasse Öl (Walnußöl, so vorhanden). Man verdünnt das Püree mit Hühnerbrühe und würzt es mit Salz, Pfeffer und reichlich Paprika. Das Fleisch des gekochten Huhnes wird abgelöst, in kleine Würfel geschnitten, mit Zitronensaft beträufelt, mit der Hälfte der Sauce übergossen und kalt gestellt. Vor dem Auftragen häuft man den Salat in einer Schüssel bergartig auf, gießt die restliche Sauce darüber und garniert mit halben Walnußkernen.

Rezepte aus »ersten Kreisen«. Marie F., die in meiner Kindheit bei uns wusch und putzte, verkehrte wie die Altkleiderhändlerin Frau Stuht in den »Buddenbrooks« »in den ersten Kreisen«. Das heißt, sie zählte zu ihren Kunden einige der vornehmsten Familien Luzerns. Und

62

da sie im höchsten Grade neugierig und außerdem eine ebenso scharfe Beobachterin wie begabte Erzählerin war, wurden wir jeden Freitag mit dem neuesten Aristokratenklatsch versorgt.

Marie brachte aus den Barock- und Rokokohäusern rechts und links der Reuß aber nicht nur Geschichten und Charakterbilder mit, sondern auch Kochrezepte, die dort von Generation zu Generation weitervererbt werden. Weshalb sie bei uns nicht nur als Putzfrau und Scheherezade, sondern bei festlichen Gelegenheiten auch als Extra-Köchin amtete. Sie brillierte dann zumeist mit einer **Chügeli-Pastete,** einer goldblond gebackenen Blätterteigkuppel, deren Kruste und Inhalt für mich den Inbegriff der Gaumenfreude darstellten.

Nun ist Marie lange tot, doch hatte ich kürzlich das Glück, bei einer »grande dame« der Luzerner Aristokratie zu Gast zu sein. Und was wurde als Hauptgericht aufgetragen? Die mir aus längst versunkenen Tagen so wohlbekannte **Chügeli-Pastete!**

Da die Hausfrau gestand, das luftige Prachtgebilde mit eigener Hand zubereitet zu haben, bat ich sie, das Rezept aufzuschreiben. Nicht nur, daß sie meiner Bitte willfahrte – sie fügte der Kochanleitung auch noch jene einer zweiten Luzerner Spezialität hinzu: der **Makkaroni-Pastete.**

Vorausschicken muß ich, daß bei beiden Rezepten die in der Schweiz sehr beliebten **Brätchügeli** eine große Rolle spielen.

Das sind etwa walnußgroße Kugeln aus Bratwurstfüllung, die bei uns zulande unter der Bezeichnung »Brät« verkauft wird. Wo dies nicht der Fall ist, behilft man sich mit rohen Kalbsbratwürsten. Man preßt kleine Portionen der Füllung aus dem Darm, rollt sie zu Kügelchen und läßt sie in leicht gesalzenem Wasser, dem eine mit Nelken besteckte Zwiebel beigefügt wurde, etwa zehn Minuten lang ziehen. Doch nun zu unserem

Hauptanliegen, den Pasteten. Beginnen wir mit der einfacheren, der **Makkaroni-Pastete.**

Eine Gratinschüssel oder Springform wird mit Blätterteig ausgelegt, nachdem man genügend Teigmasse für den Deckel der Pastete beiseite gelegt hat. Ein Viertelpfund Makkaroni pro Person werden gebrochen, in Salzwasser nicht zu weich gekocht, auf ein Sieb geschüttet und abgespült. Eine Kalbsmilke (Kalbsbries) wird in Fleischbrühe blanchiert und in Würfelchen geschnitten. Aus 250 g Brät (Bratwurstfüllung) formt man Kügelchen, die in der oben beschriebenen Art gegart werden. 250 g Champignons werden in Butter gedämpft und mit Weißwein abgelöscht. Nun wird eine dünne, weiße Sauce bereitet und mit Tomatenpüree verrührt. In einer großen Schüssel vermischt man alles mit den abgetropften Makkaroni, füllt es in die Form, legt den Teigdeckel darüber, verklebt ihn an den Rändern, sticht ihn einige Male mit einer Gabel ein und bäckt die Pastete während 45 Minuten bei etwas stärkerer Unter- als Oberhitze.

Chügeli-Pastete. Dieses festliche und leckere Gericht erfordert einige Handfertigkeit. Ist einem der Bau des Pastetengehäuses aber erst einmal gelungen, so riskiert man nichts mehr. So wird es gemacht:

Von 300 g Blätterteig wird ein Drittel zu einer Scheibe von 20 cm Durchmesser ausgerollt. Das ist der Pastetenboden. Aus den andern beiden Dritteln wird eine zweite Scheibe von 28 cm Durchmesser erstellt. Das ist die Pastetenhaube. Nun rollt man eine große Serviette spiralförmig zu einer Kugel, und zwar so, daß oben ein Zipfel herausschaut. Man legt sie auf die kleinere der Teigrondellen, drapiert die größere über die

65

Stoffkugel und verklebt Teigboden und -haube sorgfältig. Schließlich befestigt man auf dem Scheitel der Kuppel eine Teigrosette und verziert die Wölbung außerdem mit Teigstreifen und -sternen. Das Gebilde wird bei 200 Grad gebacken. Wenn es erkaltet ist, schneidet man mit einem spitzen, scharfen Messer die Pastete im obersten Viertel ringsherum auf, hebt den Deckel ab und zieht die Serviette sorgfältig heraus.

Und nun die Füllung. Sie besteht aus 200 g geschnetzeltem Hühnerfleisch, 200 g geschnetzeltem Truthahnfilet, 500 g Brät, 200 g Champignons und einer weißen Sauce aus je 60 g Butter und Mehl.

Die beiden Geflügelsorten werden in Öl leicht angebraten, die in Scheiben geschnittenen Champignons mit einer fein gehackten Zwiebel, etwas Knoblauch und Petersilie in Butter gedämpft und mit Weißwein abgelöscht; das Brät (Bratwurstfüllung) wird zu Kügelchen geformt und nach der oben beschriebenen Weise zubereitet. Mit der Fleischbrühe, in der man sie ziehen ließ, rührt man die weiße Sauce an, gibt Geflügel, Champignons und Brätchügeli hinein, vermischt alles sorgfältig, gibt die Füllung in die Pastete und trägt diese unverzüglich auf.

Will man die eine oder andere Pastete durch einen ebenso typischen Luzerner Nachtisch ergänzen, so ist **Luzerner Lebkuchen** das Richtige.

Auch hier geht es ohne eine vorherige Erklärung nicht ab. Denn das Originalrezept basiert auf »Birnenhonig«, der früher ein beliebter Brotaufstrich war und dadurch hergestellt wird, daß man frischgepreßten Birnensaft so lange einkocht, bis eine dickflüssige Masse entsteht. Da es diese Süßigkeit heute praktisch nicht

66

mehr gibt, ersetzt man sie durch Bienenhonig.

Nach Eva Maria Borers Standardwerk »Alte und neue Küche in der Schweiz«

braucht es für den Luzerner Lebkuchen 500 g Mehl, 5 Eßlöffel Birnen- oder Bienenhonig, 2,5 dl Sahne, 150 g Zucker, je eine Schale Orangeat und Zitronat, je 1 Teelöffel Anis und Zimt, je 1 Messerspitze Nelken- und Muskatpulver, 1½ Teelöffel Natron, 2 dl Milch, 1 Prise Salz, 1½ Teelöffel Träsch (Obstbranntwein) und etwas Birnen- oder Bienenhonig zum Bestreichen des Kuchens.

Honig, Zucker, Zimt und die Gewürzpulver werden unter den sehr steif geschlagenen Rahm gemischt. Man löst das Natron in Branntwein auf, vermischt es mit der Milch, vermengt alles gut und gibt so viel Mehl bei, bis ein dickflüssiger Brei entsteht, den man in die gebutterte Springform füllt. Der Lebkuchen wird im mittelheißen Ofen 40 bis 50 Minuten gebacken. Noch heiß bestreicht man seine Oberfläche mit angewärmtem Honig; dadurch wird er schön glänzend. Er soll erst nach zwei bis drei Tagen aufgeschnitten werden. Als Kinder haben wir ihn mit Butter bestrichen gegessen.

Topfgucken auf Reisen. Hongkong. Ich war etwas enttäuscht, als mich der Gastfreund nicht in eine mysteriöse Kneipe, sondern in ein Lokal führte, das akkurat einem Warenhaus glich: fünf Stockwerke, die sich ohne Zwischenwände auf eine zentrale Treppe öffneten, und

68

auf jedem Hunderte von Gästen. Aber das Essen war unvergleichlich und ganz reizend die Art, wie es an den Mann gebracht wurde; denn auf jedem Stockwerk gab es zwanzig oder dreißig Chinesenmädchen, die jene Bauchläden vorgeschnallt hatten, mit denen man andernorts Zigaretten oder Süßigkeiten feilhält. Darin standen niedrige Holznäpfe, die bei jeder Verkäuferin nur ein und dasselbe Gericht enthielten. Die anmutigen Kinder kamen eines nach dem andern zum Tisch, man inspizierte ihr Angebot, bediente sich oder winkte ab und hatte bald ein Dutzend und mehr Büchsen vor sich. Der Witz bestand nun darin, daß alle Näpfe gleich viel kosteten – 1 Hongkong-Dollar, was damals etwa 80 Pf entsprach –, aber ganz unterschiedliche Quantitäten enthielten. Das heißt, billige Gerichte wie Gemüse, Salate und dergleichen füllten die Näpfe zu einem Drittel oder zur Hälfte, während Leckereien wie die Scheren der Riesenkrabbe oder Haifischflossen kaum den Boden bedeckten. Der Vorteil dieses Einheitspreises zeigte sich beim Bezahlen: so viele Näpfe – so viele Dollar. Reis und Tee waren gratis.

Chania auf Kreta. In der Hafenkneipe »Kavouria« gab es zum Fisch und zu den landesüblichen, in Öl gebackenen Auberginen- und Zucchettischeiben eine Art Mayonnaise, **Skordalia** genannt, die so schmackhaft war, daß ich mir das Rezept merkte.

Man braucht dazu zwei Zehen Knoblauch, eine Handvoll geschälte Mandeln, ein großes Stück Weißbrot, Olivenöl und Weinessig.

In einem Mörser aus Stein oder Holz wird der Knoblauch mit Salz samt den Mandeln zerstoßen. Dann gibt man das während einer halben Stunde in Wasser eingeweichte und nachher ausgepreßte Brot dazu und zerstampft es. Schließlich werden zwölf Teelöffel Olivenöl unter stetem Rühren beigefügt und zuletzt Essig und Öl abwechslungsweise und nach Geschmack.

70

Lamu ist eine kleine Koralleninsel vor der Küste Kenias. Wir wohnten dort im einzigen Haus am Platze, das von zwei ehemaligen Unteroffizieren der englischen Kolonialarmee geführt wurde. Es ist mir deshalb unvergeßlich, weil ich in meinem Leben nicht schlechter gegessen habe als dort. Zum Glück waren gerade die Mangos reif, und so nährten wir uns zehn Tage lang fast ausschließlich von diesen paradiesischen Früchten. Womit wir übrigens eine jahrhundertealte Tradition fortsetzten. Denn Lamu war früher in der Hand arabischer Sklavenhändler, die ihre Ware auf der Reise von den ostafrikanischen Küstenstrichen nach den nördlichen Märkten regelmäßig drei Wochen lang auf der Insel Station machen ließen. Dort wurden die Schwarzen mit Mango-Früchten ernährt, was dem Vernehmen nach ihrer körperlichen Konstitution äußerst zuträglich war und außerdem ihrer Haut seidigen Glanz verlieh.

Mexiko. Ich kann nicht behaupten, daß mich die Küche dieses Landes im allgemeinen begeisterte. Als ich am ersten Abend das Nationalgericht, die farcierten, in einer roten oder weißen Sauce schwimmenden Omeletts aus Maismehl kostete, machte ich ein langes Gesicht, und mein Begleiter, ein Kenner des Landes, bemerkte nur trocken: »Ja, ja, es schmeckt wie alte Tücher.«

Am liebsten denke ich an die gebratenen Zicklein zurück, die man uns in der Altstadt von Mexico City vorsetzte. Leider aber läßt sich dieser Götterschmaus bei uns nicht wiederholen. Denn dazu braucht es einen Holzkohlenrost von sehr beträchtlichen Ausmaßen. Die Tiere werden der Länge nach aufgeschlitzt, platt ge-

71

drückt, über zwei gekreuzte Holzstäbe gespannt und so knusprig gegrillt. Das Rezept einer andern Spezialität aber erhielt ich von einer Zürcher Freundin. Sie hat es von ihrer mexikanischen Großmutter geerbt und betont, daß es in der Familie so sehr geschätzt wurde, daß die Zubereitung nie dem Küchenpersonal überlassen blieb. Hier das Prozedere in ihren eigenen Worten:

»Für vier Personen nehme ich acht mittelgroße grüne Pfefferschoten, wische sie mit einem Tuch ab, schneide sie rings um den Stiel mit einem scharfen Messer auf und entferne Kerngehäuse und Kerne. Ich setze sie in eine Gratinform, fülle sie mit kleingeschnittenem Emmentaler Käse und lasse sie im Ofen so lange bei mäßiger Hitze schmoren, bis der Käse geschmolzen ist, die grüne Haut sich runzelt und das Fruchtfleisch gar ist. In der Zwischenzeit bereite ich eine kräftig gewürzte Tomaten-Sauce. Außerdem schlage ich zwei Eiweiß zu festem Schnee und mische ein Eigelb darunter. Ich nehme die Pepperoni aus dem Ofen, wende sie mit Hilfe von zwei Löffeln in Mehl, tauche sie in den Eierschaum, fritiere sie in reichlich rauchheißem Öl, gebe sie in die heiße Tomaten-Sauce und serviere sie zu gesottenem Rindfleisch.«

Zum Schluß eine Reiseerinnerung, die kein fernes Land, sondern den Quai von Lugano als Schauplatz hat. Dort putschte bei einem Stop ein fremder Wagen so gegen den meinigen, daß sich das Auspuffrohr löste. Der fehlbare Fahrer geriet in höchste Aufregung; denn er hatte eben erst seine Fahrprüfung abgelegt. Ich beruhigte ihn, und wir tauschten unsere Karten. So erfuhr ich, daß mein Partner Gastwirt und obendrein kulinari-

72

scher Experte der schweizerischen Käseunion war. Anderntags teilte ich ihm mit, daß die Reparatur nicht die Rede wert sei, daß ich ihm aber für ein Käserezept als Schmerzensgeld für das Auspuffrohr-Geschepper zu Dank verbunden wäre. Postwendend kam eine Flasche Whisky und dieses Rezept für **Croûte au fromage au Whisky:**

Für zwei Personen braucht es vier 1 cm dick geschnittene Formbrotscheiben, die man in der Bratpfanne mit Butter goldgelb röstet. Man bespritzt sie leicht mit Whisky und legt sie paarweise nebeneinander in ausgebutterte Gratinformen.

Man bereitet aus 200 g fein geriebenem Greyerzer Käse, einem Ei und einem Gläschen Whisky eine dickflüssige Paste, die man mit wenig Pfeffer, Muskat und Paprika würzt und auf die Brotscheiben gleichmäßig verteilt. 7 bis 9 Minuten im heißen Ofen backen, herausnehmen, um die Käseschnitten in den noch heißen Formen je eine halbe Portion Whisky gießen, anzünden und sogleich servieren.

Das Geheimnis des Haushofmeisters. Vor hundert Jahren verriet Herr Meinicke, Haushofmeister beim Fürsten von Rudolstadt, einer Dame das Rezept seiner weitherum berühmten **Zuckergurken.** Es lautet so:

»Man nehme große grüne Gurken wie zu Salat,

74

hierzu einen Liter guten Weinessig, 750 Gramm Zucker, Zimmet und Gewürznelken. Nachdem man die Gurken geschält und halbiert und aus ihnen das Kerngehäuse sorgfältig herausgeschabt hat, werden aus denselben fingerlange und zwei Finger breite Streifen geschnitten,

75

welche man an den vier Ecken abrundet und leicht blanchiert, indem man sie eine kleine Weile in kochendes Wasser tut und mit kaltem Wasser abkühlt. Dann wird die Mitte der einen Seite in schräger Richtung mit drei Stückchen feinem Zimmet und drei Gewürznelken, aus welchen vorher die kleinen runden Köpfchen gebrochen sind, besteckt. Unterdes kocht und klärt man den Essig und den Zucker, läßt in diesem die blanchierten Gurkenstreifen behutsam gar, doch nicht zu weich kochen und stellt beides in einem irdenen Geschirr hin. Andern Tages wird der Zuckeressig aufgekocht und geschäumt, die Gurkenstücke darin kochend heiß gemacht und dann abermals beides im bemerkten Gefäß zurückgestellt. Am dritten Tag wird der Zuckeressig abgegossen, nochmals aufgekocht, geschäumt und zum Erkalten hingestellt. Darauf legt man die Gurkenstreifen in Gläser, füllt den Saft darüber, bindet dieselben mit Pergamentpapier zu und bewahrt sie am kühlen Ort. Der Saft muß leicht sirupartig, die Gurkenstreifen aber müssen glasig sein.«

Damit sind wir bei einem Thema, das die kulinarische Welt in zwei Lager teilt – bei der Frage, ob Süßes mit Saurem, Fleisch mit Gezuckertem zusammengebracht werden dürfen. Die französische Küche sagt nein und gestattet allenfalls beim gesottenen Rindfleisch eine Beigabe von eingemachten Preiselbeeren. Die italienische folgt dem Beispiel ihrer lateinischen Schwester, ersetzt aber die Preiselbeeren durch die **Mostarda di Cremona,** jene in zähflüssigem Senf-Zucker-Sirup eingemachten Früchte, die zu kaltem Fleisch und dick geschnittenen Mortadella-Scheiben vortrefflich schmecken. Die englische Küche hat die

76

leicht süßliche Pfefferminz-Sauce zu Lamm- und Schaffleisch und die an dieser Stelle bereits beschriebene **Cumberland Sauce** vorzuweisen, in deren Zusammensetzung Johannisbeer-Gelée eine Rolle spielt; auch haben die Briten den aus China stammenden, scharf-süßen Ingwer als Fleischbeigabe adoptiert. Die Hochburg des Sauersüßen aber ist das mittlere und östliche Europa, wo die Rezepte für Kombinationen aus Früchten und Gemüsen mit Zucker, Essig und Gewürzen Legion sind. Leider aber begnügt man sich auch dort mit den drei, vier süß-sauren Fleischbeigaben, die industriell hergestellt und, unter uns gesagt, oft von mäßiger Güte sind. Und das ist schade. Denn das mit Essig und Zucker Eingemachte vermag einem improvisierten, nur aus Brot, Wein und kaltem Fleisch oder Wurst bestehenden Imbiß Glanz zu verleihen. Außerdem zählt es in einer Zeit, da jeder alles hat und Blumen aus Parkierungsgründen oft schwer zu beschaffen sind, zu den beliebtesten Gastgeschenken.

In Essig und Zucker eingemacht werden u. a. Hagebutten, Melonen, Mixed Pickles (das heißt alle nur denkbaren Junggemüse, kleingeschnitten), Zwetschgen, Birnen, Kürbis, kleine junge Bohnen – fast jede Jahreszeit gibt zu dieser Konservierungsart Gelegenheit!

Die Zusammensetzung des Sudes besteht in jedem Falle aus Weinessig und Zucker, und als Beigaben dienen Zimt, Pfeffer- und Senfkörner sowie Gewürznelken, bei denen man – wie Herr Meinicke vorschreibt – die Blütenknospen oder Köpfchen herausbricht; denn diese haben die Eigenschaft, dunkle Flecken am Einmachgut hervorzurufen. Auch das Prozedere mit dem

77

dreimaligen Abgießen und Wiederaufkochen des Essig-Zucker-Sirups wird in jedem Falle beachtet; desgleichen die Vorschrift, Gemüse und Früchte nicht zu weich zu kochen.

Verwandt mit dem sauer-süß Eingemachten sind die verschiedenen gewürzten Essigarten, willkommene Mitbringsel auch sie, besonders wenn sie in hübschen Fläschchen und Phiolen präsentiert werden. **Zitronen-Essig** zum Beispiel, der so hergestellt wird:

Von acht bis zehn schönen Zitronen wird die Schale mit einem scharfen Messer sehr dünn abgeschält und in kleine Stücke geschnitten, in eine Flasche getan und mit feinem Weinessig acht bis zehn Tage angesetzt, worauf man den Essig filtriert und auf Flaschen füllt.

Er verleiht, in kleinen Dosen angewendet, Ragouts und Saucen einen delikaten Geschmack.

Ravigote-Essig wird folgendermaßen gemacht:

200 g Estragonblätter, 70 g Lorbeerblätter, 60 g Angelikawurzeln, 90 g Kapern, 90 g Sardellen, 40 g Knoblauch und 60 g Schalotten oder Zwiebeln werden kleingeschnitten, dann in einer weithalsigen Flasche mit einem Liter Weinessig übergossen, drei Wochen lang an einen warmen Ort gestellt, worauf man den Essig abgießt, filtriert und gut verkorkt aufbewahrt.

Wer Kochkunst mit Poesie verbinden will, bereitet und verschenkt den bläulichen, zartduftenden **Veilchen-Essig:**

Zwei Hände voll frisch gepflückte, von den Kelchblättern befreite Veilchen werden in einer Terrine mit einem halben Liter abgekochtem und wieder erkaltetem Weinessig übergossen, 24 Stunden stehengelassen,

78

worauf man den nach Veilchen duftenden Essig abseiht und zu gesottenem Fisch oder Kopfsalat reicht.

Die süß-scharfen Gerichte der russischen und der polnischen Küche sind nicht zu zählen. Zu den berühmtesten gehört **Karpfen polnisch.** Dafür ein Rezept, das ebenfalls aus Haushofmeister Meinickes Epoche stammt, aber voraussetzt, daß man über einen lebenden Fisch verfügt; denn der springende Punkt ist hier das Karpfenblut.

Man tötet den Karpfen mit einem Schlag auf den Kopf, sticht mit einem spitzen Messer in die Kehle und läßt das Blut in einen Viertelliter Essig ablaufen. Dann schuppt man den Fisch, nimmt ihn aus, spaltet ihn in zwei Hälften, schneidet diese in handbreite Stücke, wäscht sie gut, salzt sie und läßt sie ein bis zwei Stunden stehen. Nun putzt und schneidet man drei bis vier Karotten, zwei Petersilienwurzeln, ein großes Stück Sellerie und zwei Zwiebeln, gibt alles mit zwei Lorbeerblättern, 30 g Salz, 30 g Butter, etwas Zitronenschale, einigen Nelken und Pfefferkörnern in einen Topf, gießt anderthalb Liter helles Bier hinzu und läßt alles eine Stunde kochen, gießt die Sauce dann durch ein Sieb, fügt den Essig mit dem aufgefangenen Blut, drei Eßlöffeln Zuckersirup, 75 g geriebenen Pfefferkuchen und noch 100 g Butter hinzu, trocknet die Karpfenstücke ab, legt sie in die Sauce, läßt rasch aufkochen, dreht dann das Feuer so klein wie möglich, läßt eine halbe Stunde köcheln, nimmt die Fischstücke heraus, seiht die Sauce nochmals durch und serviert mit Sauerkraut und Salzkartoffeln.

Delikates aus dem Inneren des Kalbes. Wie man bemerkt haben wird, gilt meine Vorliebe der Hausmannskost, einfachen, ja derben Gerichten also. Es gibt aber Gelegenheiten, die nach einer verfeinerten, sozusagen zärtlichen Küche verlangen: ein Imbiß zu zweit oder ein

80

Souper mit Freunden nach dem Theater zum Beispiel. Darum sei auch dieser Sparte für einmal das Wort geredet.

Wie stets, will ich mich an den Grundsatz halten, nur solche Rezepte weiterzugeben, deren Ingredienzen überall erhältlich und für jedermann erschwinglich sind. Ich versage es mir also, Bärentatzen in Burgunder, Auerhahnpastete oder in Trüffeln gebettete und geschmorte Fettammern zu empfehlen, und halte mich an die **Innereien des Kalbes.**

Zuerst etwas sehr Einfaches, das überdies den Vorteil hat, in wenigen Minuten tischfertig zu sein: **Kalbsnieren-Omelett.**

Man schneidet die Niere in Scheiben und dünstet sie in Butter, um sie dann nicht allzu fein zu hacken. Dann zerquirlt man sechs Eier mit zwei Eßlöffeln Fleischbrühe oder Milch, gibt Salz, Pfeffer, gehackte Petersilie und Schnittlauch dazu, vermischt alles mit der Niere, läßt ein Stück Butter in einer Omelettpfanne heiß werden, schüttet die Hälfte der Masse dazu und bäckt sie auf ziemlich starkem Feuer und unter öfterem Rütteln der Pfanne bis die untere Seite goldbraun geworden ist, während die obere weich bleiben soll. Dann klappt man das Omelett zusammen, legt es auf einen heißen Teller, verfährt mit dem Rest der Masse ebenso und trägt auf.

Wohl das merkwürdigste Stück der Kalbsanatomie ist jene an den inneren Halsseiten sitzende und mit zunehmendem Alter des Tieres sich zurückbildende Drüse, die auf französisch **ris de veau** und auf englisch sweet- **bread** heißt, im Deutschen aber gleich sieben verschiedene Namen hat: **Kalbsmilch, Bröschen, Bries, Milchling, Milken, Midder** und **Schweser.** Wie immer man diese Delikatesse zubereitet – es fängt mit diesem Prozedere an:

Die Milch wird gewässert, das heißt in ein Gefäß mit kaltem Wasser getan, das man erneuert, sobald es sich

82

rosa färbt; abgekürzt werden kann dieses Verfahren durch Einlegen in fließendes, kaltes Wasser. Ist man so weit, daß jede Spur von Blut aus der Kalbsmilch entfernt ist, so wird diese blanchiert. Es handelt sich hier nicht um ein Vorkochen, sondern lediglich um die Erzielung eines bestimmten Festigkeitsgrades für die weiteren Manipulationen mit der Milch. Sie wird mit reichlich kaltem Wasser aufgesetzt und auf kleinem Feuer ganz langsam erhitzt. Ist der Siedepunkt erreicht, so wird er nur gerade zwei Minuten beibehalten; dann schöpft man die Milch mit der Schaumkelle auf ein Tuch und entfernt mit einem scharfen Messer sorgfältig alle Fettstellen und andern Unebenheiten, achtet aber darauf, daß der die Milch einhüllende Hautsack nicht verletzt wird. Jetzt wird die Milch mit einem zweiten Tuch bedeckt und ein Brett darauf gelegt, das mit Gewichten beschwert wird.

Die einfachste Art, die so vorbehandelten Kalbsmilche zuzubereiten, heißt **en fricandeau.**

Man schneidet jede Milch in drei, vier Stücke, spickt sie mit feinen Speckstreifen, legt sie mit einigen Speckscheiben in die Pfanne, gibt eine gehackte Zwiebel, eine in Scheiben geschnittene Karotte, ein Kräutersträußchen, einige Nelken und Pfefferkörner dazu, übergießt sie mit kräftiger Kalbs- oder Fleischbrühe und ein wenig Portwein, läßt eine Stunde lang leise köcheln, indem man die Milch fleißig mit dem Fond begießt. Dann fischt man sie heraus, legt sie in eine heiße Platte, passiert die Sauce und gießt sie über die Milchstücke.

Für eine größere Gesellschaft eignet sich **Kalbsmilch au gratin.** Zu diesem Zweck wird eine Kalbfleisch-Farce so hergestellt:

100 g Butter werden zu Schaum gerührt, mit zwei Eiern, 125 g geriebenem und in Milch eingeweichtem Weißbrot, 250 g Kalbfleisch, 100 g Speck (alles fein gehackt), Salz und Muskatnuß vermischt und mit einem Löffel Sahne befeuchtet. Die gewässerten und blanchierten Milche werden in dünne Scheiben geschnitten und mit sehr fein gehackten Champignons, Schalotten und Petersilie in 100 g Butter ganz langsam weich gedämpft. Nun bestreicht man eine feuerfeste Schüssel mit Butter und einer dünnen Farce-Schicht, legt sie mit den Kalbsmilchscheiben samt ihren »fines herbes« aus, gibt eine Schicht Farce darüber, den Rest der Milche und eine letzte Lage Farce. Das Ganze wird mit Speckscheiben und einem gebutterten Pergamentpapier bedeckt und bei mäßiger Hitze eine halbe Stunde im Ofen gebacken. Dazu serviert man eine Champignon-Sauce.

Ein anderes, diesmal leicht und schnell herzustellendes Gericht ist **Blanquette von Kalbsbraten.** So wird es gemacht:

Zu einer hellen Mehlschwitze gibt man einen halben Liter Fleischbrühe und ein Glas Weißwein, verkocht alles zu einer dicklichen Sauce, mischt etwas Sardellenbutter, Zitronensaft und einige in Butter gedämpfte Champignons darunter, zieht die Sauce mit zwei Eidottern ab, schneidet den kalten Kalbsbraten in Scheiben, gibt sie in die Sauce und läßt alles im Wasserbad heiß werden.

Die genau gleiche Zubereitungsart verlangt ein Gericht, das **Ragout fin** heißt und im Zweiten Kaiserreich große Mode war; ich kann mir vorstellen, daß es von der Kameliendame zu einem Spitzglas Champa-

84

gner aus einer muschelförmigen Silberschale zum Souper genascht wurde. Hier das Rezept:

In der oben beschriebenen, weißen Sauce werden die folgenden, in leichtem Essigwasser gar gekochten Leckereien heiß gemacht: Kalbsmilche, Kalbshirn, Rückenmark vom Kalb (das damals unter dem Namen »amourettes« gehandelt wurde), kleine Stücke von blaugesottenen Meer- oder Süßwasserfischen, Kalbszunge. Nachdem es im Wasserbad erwärmt wurde, gießt man das Ragout in Portionenschalen, überstreut es mit Parmesan und bäckt es im Ofen hellbraun.

Will man das **Ragout fin** mit einer stilgerechten Nachspeise krönen, so empfiehlt sich eine **Kirsch-Crème:**

Man steint ein Kilogramm reife Sauerkirschen aus, zerstößt die Hälfte der Kerne mit einigen Mandeln, kocht sie mit Zimt, Zitronenschale und zwei Gläsern Wein eine halbe Stunde lang aus und gießt die Flüssigkeit durch ein Haarsieb zu den Kirschen, kocht diese unter ständigem Umrühren weich, streicht sie durch ein Sieb, rührt ein Pfund Zucker, drei ganze Eier und zehn Dotter, die abgeriebene Schale und den Saft einer Zitrone darunter, gibt ein Glas Weißwein dazu, schlägt alles über dem Feuer zu einem steifen Schaum, den man in einer Schüssel erkalten läßt und mit zerstoßenen, bitteren Makronen verziert.

85

Kulinarische Gastspiele. Er hieß László, war ungarischer Flüchtling, stand, von Wiener Freunden empfohlen, eines Abends plötzlich vor der Tür und bat um Quartier für die Nacht. Daraus wurde ein Aufenthalt von sechs Wochen, während denen ich ebenso viele

86

Pfunde an Gewicht zunahm. Denn László erwies sich nicht nur als angenehmer, hilfsbereiter Hausgenosse, sondern auch als vorzüglicher Koch. Was um so erstaunlicher war, als er behauptete, vorher nie gekocht und alle seine Künste lediglich der Mutter abgeguckt zu

87

haben. Nun, als Gegenstück zum absoluten Musikgehör gibt es eben auch ein absolutes Kochgefühl . . .

Es scheint, daß Lászlós Mutter lediglich eine Bratröhre besaß; denn alles, was er zubereitete, kochte er nicht *auf* dem Herd, sondern *im* Herd. Sodann erachtete er Schweineschmalz als eine durch nichts anderes ersetzbare Kücheningredienz – was durch den kräftigen Geschmack seiner Gerichte vollauf bestätigt wurde. Schließlich verbrauchte er Unmengen von saurer Sahne, von seinem Paprikakonsum nicht zu reden.

Eines seiner Paradestücke hieß **Rakott Krumpli,** zu deutsch »Gelegte Kartoffeln«. Hier das Rezept:

Ein bauchiges, feuerfestes Geschirr wird mit Schweineschmalz ausgepicht. Man belegt den Boden mit vorgekochten, in Scheiben geschnittenen Kartoffeln. Darauf kommt eine Lage harter, ebenfalls gescheibelter Eier, die mit nicht zu dünn geschnittenen Rädchen einer geräucherten Hauswurst bedeckt werden. Dieses Prozedere wird, je nach Gästezahl, ein-, zwei- oder dreimal wiederholt und mit einer Lage Kartoffeln abgeschlossen. Man übergießt alles reichlich mit saurer Sahne und stellt den Topf ohne Deckel in den vorgeheizten Ofen. Da alle Bestandteile vorgekocht sind, genügen dreißig bis vierzig Minuten Garzeit.

Rakott Krumpli sind ein delikates, aber eher schwer im Magen liegendes Gericht; ausgesprochen bekömmlich hingegen ist eine andere László-Spezialität, die **Kolozsvary Kaposzta** *oder Siebenbürger Kraut heißt.*

Man dämpft pro Person je fünfzig Gramm gehacktes Rind- und Schweinefleisch in ausgebratenen Speckwürfeln und würzt mit schwarzem Pfeffer, Edel-

88

süß-Paprika, Kümmel und Majoran. Dann wäscht man rohes Sauerkraut sehr gründlich und legt damit den Boden eines eingefetteten Topfes etwa zwei Finger hoch aus. Eine Handvoll roher, gewaschener Reis wird darübergestreut und dieser mit einer Lage Hackfleischmasse bedeckt. Dann folgen wieder Kraut, Reis und Hackfleisch, und den Beschluß bildet eine Lage Kraut. Man begießt alles mit einem halben Liter saurer Sahne, setzt den Deckel auf und läßt anderthalb Stunden bei mäßiger Hitze schmoren. Das Gericht erhält seine besondere, siebenbürgische Note, wenn das Sauerkraut nicht mit Wachholderbeeren, sondern mit Lorbeerblättern gewürzt wurde.

Jeden Sommer reisen mein Freund Maurits und seine junge Frau von Gent in Flandern nach Italien in die Ferien. Sie machen bei mir Station, und Frau Lydia kocht das Nachtmahl.

Es ist eine Wonne, sie am Herd stehen zu sehen: ringsum liebliche Rundungen, schneeweiß und rosenrot die Haut, vergißmeinnichtblauer Blick unter messingglänzendem Seidenhaar – ein Rubens in der Küchenschürze!

Da Lydia abwechslungsweise eines meiner beiden flandrischen Lieblingsgerichte – **Waterzooi** und **Carbonnade flamande** – kocht, weiß ich genau, welche Beigaben ich bereitstellen muß. Für **Waterzooi** sind es:

eine Poularde, ein ganzer Sellerie (mit Wurzel, Stengeln und Blättern), zwei bis drei Karotten, drei bis vier Lauchstangen, drei bis vier gekochte Kartoffeln, drei Eigelb, ein Deziliter süße Sahne, Salz und Pfeffer. Man legt die fein geschnittenen Gemüse: Sellerie, Ka-

rotten, Lauch, samt dem Huhn in zwei bis drei Liter kaltes Wasser und läßt auf mittlerem Feuer 45 Minuten kochen. Dann wird das Huhn herausgenommen und in acht Stücke zerteilt. Man zerquirlt die Eidotter mit der Sahne und rührt sie in die Suppe ein. Dann werden die vorgekochten Kartoffeln, in Scheiben geschnitten, samt den Hühnerstücken der gebundenen Brühe beigegeben, worauf alles bis kurz vor den Siedepunkt erhitzt wird. – Zu Waterzooi legt man Löffel, Gabel und Messer auf und ißt abwechselnd Suppe, Fleisch und Gemüse. Dazu paßt ein leichter Rotwein.

Für die **Carbonnade flamande** braucht es 150 Gramm Rind- und 150 Gramm Schweinefleisch, beides in Gulasch-Stücke geschnitten, etwa gleichviel Schweinsleber und eine ganze Schweinsniere, 400 Gramm Zwiebeln, einige Lorbeerblätter, Butter oder Fett, etwas Stärkemehl, Weinessig, Salz, Pfeffer und dunkles Bier.

Die Rind- und die Schweinefleischstücke werden auf allen Seiten kräftig angebraten, herausgenommen und warm gestellt. Im gleichen Fett röstet man die gehackten Zwiebeln goldbraun, gibt dann ein wenig Wasser bei und rührt so lange, bis sie sich aufgelöst haben. Dann kommen die Fleischstücke wieder in den Topf, man füllt mit so viel dunklem Bier auf, bis sie mit Flüssigkeit bedeckt sind, und läßt 45 Minuten köcheln. Dann werden die in nicht zu kleine Stücke geschnittene Leber und die ebenfalls zerkleinerte Niere hinzugefügt. Man läßt weitere zehn Minuten köcheln, gibt zwei bis drei Lorbeerblätter bei und läßt auf kleinstem Feuer nochmals eine halbe Stunde ziehen. Kurz vor dem Anrichten verdickt man die Sauce mit etwas Stärkemehl, würzt mit

90

Salz, Pfeffer, Muskatnuß und einem Suppenlöffel Weinessig und serviert die Carbonnade mit Salzkartoffeln.

Die „Kronenhalle"-Wirtin plaudert aus der Schule. Zu Anfang des Jahrhunderts fuhr eine Achtzehnjährige von Winterthur nach Zürich, um ihre erste Stelle als Dienstmädchen anzutreten. In der Tasche hatte sie genau einen halben Franken: zehn Rappen für die Trambahn

92

und vierzig Rappen zur freien Verfügung bis zum ersten Zahltag. Mit sicherem Instinkt wechselte Hulda – dies ihr Vorname – bald ins Gastgewerbe über, wurde Kellnerin zuerst im Zürcher Niederdorf und dann in der meist von Handwerkern der Altstadt frequentierten

93

»Mühle«, rückte schnell zur Buffetdame auf, heiratete den Patron und übernahm mit diesem 1920 das Restaurant »Kronenhalle« an der Rämistraße. Damit begann der Aufstieg dieses Lokals und seiner Wirtin Hulda Zumsteg, der beide schließlich zu europäischem – ja zu Weltruhm führen sollte. Für diese fast märchenhaft anmutende Erfolgsgeschichte gibt es viele Erklärungen, von denen die simpelste, aber wohl einleuchtendste dahin lautet, daß Frau Zumsteg eine meisterhafte Köchin ist. Und wenn sie auch seit Jahrzehnten nicht mehr selber hinter dem Herd steht, so versteht sie es eben, ihr Wissen und Können dem nach Dutzenden zählenden Personal mitzuteilen.

Vor fünfzig Jahren wurde der Stil der »Kronenhalle«-Küche vom bayerischen Chef Leopold und der schwäbischen Köchin Luise bestimmt. Leopold exzellierte mit den Spezialitäten seiner Heimat, Kalbs- und Schweinshaxen zum Beispiel, die zuerst gesotten, dann am ganzen Stück paniert, in Öl gebraten und mit brauner Butter übergossen wurden. Luisens Stärke hingegen waren Spätzle, Rotkraut und selbstgemachte Nudeln.

Mit der Zeit eroberte die französische *haute cuisine* auf dem Speisezettel eine Position nach der andern, als Fundament aber behauptete sich die gutbürgerliche Küche von Anno dazumal bis auf den heutigen Tag, und dieser vollkommene Einklang von Bodenständigkeit und letzter Verfeinerung ist es dann auch, was der »Kronenhalle« ihr kulinarisches Gesicht gibt.

Da mir Frau Zumsteg gewogen ist, hat sie sich die Mühe genommen, ein paar ihrer beliebtesten Rezepte zu Papier zu bringen. Wie man sehen wird, muten sie

94

auf den ersten Blick erstaunlich unkompliziert an, doch darf man sich durch diese Einfachheit nicht täuschen lassen: es braucht sehr viel »savoir-faire« dazu, um diese Kochanleitung in die Tat umzusetzen! Das gilt auch für einen der »Kronenhallen«-Favoriten: **Filet mit Pfefferkörnern auf Hackbeefsteak.**

Dazu braucht es ein 150 g schweres Rindsfilet (Mittelstück) und für das Hackbeefsteak 60 g gehacktes Kalbfleisch, eine Prise Haferflocken, eine kleine Semmel ohne Rinde, Salz, Pfeffer, Senf, Worchestershire-Sauce, grüne Pfefferkörner, 1/2 Deziliter Öl und 50 g Butter. Zuerst macht man das Hackbeefsteak, indem man die Semmel mit den Haferflocken in wenig Wasser einlegt, gut ausdrückt, mit dem Hackfleisch vermengt und mit den Gewürzen abschmeckt. Aus der Masse formt man eine Kugel, drückt sie platt und brät sie goldgelb. Das Rindsfilet wird gleichzeitig so stark gebraten wie es gewünscht wird. Zum Anrichten wird das Hackbeefsteak auf den heißen Teller gelegt, mit dem Filet bedeckt, und darüber wird der in brauner Butter rasch erhitzte grüne Pfeffer gegossen.

Die klassische Beilage zu dieser Kombination ist die **Berner Rösti.** Diese Rösti war das Lieblingsgericht des großen Couturiers Cristobal Balenciaga, der jedoch nicht so oft nach Zürich kommen konnte, wie ihm das Herz nach Rösti stand. Deshalb machte er mit Frau Zumsteg einen Köchetausch: Sein spanischer Chef rückte an der Rämistraße mit einer schweren eisernen Paella-Pfanne an, und Frau Huldas Chef raffelte dafür in Paris Rösti. Dabei verfuhr er folgendermaßen:

Ein Kilo Pintje-Kartoffeln werden in der Schale gekocht, geschält und über Nacht kalt gestellt. (Dieses

Abkochen am Vortag ist unumgänglich!) Dann werden die Kartoffeln auf dem Rösti-Eisen geraffelt, das heißt in feine Lamellen geschnitten. (Kaufen Sie sich bei Ihrem nächsten Schweizer Aufenthalt so ein Rösti-Eisen!) Man gibt Butter- oder Schweinefett mit gehackten Zwiebeln und Speckwürfeln in eine Bratpfanne und dünstet leicht. Nun werden die Kartoffeln dazugegeben und einseitig angebraten, gut vermischt und mit der Bratschaufel zu einem runden Kuchen geformt. Sobald dieser auf der Unterseite goldbraun gebraten ist, legt man einen Teller darauf, kippt um, gibt dann noch etwas Fett in die Pfanne, läßt die Rösti hineingleiten, brät sie auch auf der Unterseite und trägt sie auf.

Ein Klassiker der französischen Küche ist das **Poussin diablé;** und so wird es in der »Kronenhalle« gemacht:

Ein pfannenfertiges, etwa 600 gr schweres Hähnchen wird dem Rücken entlang aufgeschnitten. Man entfernt die Brustknochen, drückt es platt, salzt und brät es in wenig Öl beidseitig, wobei man darauf achtet, daß es nicht allzuviel Farbe annimmt. Nun wird eine Gewürzmischung hergestellt aus: Basilikum, Thymian, Majoran, Fenchelkraut, Petersilie, Lorbeer (¹/₂ Blatt) und weißen Pfefferkörnern. Alles wird mit einer gehackten Schalotte und einer zerkleinerten Knoblauchzehe gut vermengt, leicht in Butter angedünstet, mit 50 g weißem Paniermehl vermengt und auf das mit wenig Senf bestrichene, gebratene Hähnchen verteilt. Es wird in die heiße Röhre geschoben und mit einer goldbraunen Kruste überbraten. Zu »Poussin diablé« werden »Pommes frites« oder »Pommes Chips« serviert.

Was den Nachtisch betrifft, so figurieren zwar viele

raffinierte Süßspeisen auf dem Menü der »Kronen-halle«, doch kommen gerade die verwöhntesten Gäste immer wieder auf die einfachste zurück: **Apfelkuchen nach Hausfrauenart.**

Frau Zumsteg betont, daß dieser Kuchen nicht ihre eigene Erfindung ist. Sie hat ihn einer Kollegin, der Wir-tin zum »Paradies« bei Bad Ragaz, abgeguckt.

Dazu braucht sie 500 g gewöhnlichen Kuchenteig (Blätterteig eignet sich ihrer Ansicht nach weniger gut), ein Kilo gut verkochende, saure Äpfel, anderthalb Dezi-liter Sahne (sie kann auch sauer sein), 150 bis 200 g Zucker (je nach Säuregrad der Äpfel), zwei Eier, etwas Zimtpulver und nach Bedarf etwas Zitronensaft.

Ein Kuchenboden mit Rand wird mit dem Teig aus-gelegt, die geschälten, halbierten und sauber ausge-höhlten Äpfel schneidet man mit einem scharfen Mes-ser in Lamellen, doch so, daß sie am einen Rand zu-sammenhängen. Diese Apfelhälften legt man, Höhlung nach unten, auf den Teigboden. Sahne, Zucker und Zimt werden gut verrührt und über die Äpfel gegossen; dann bäckt man im Ofen schön braun.

97

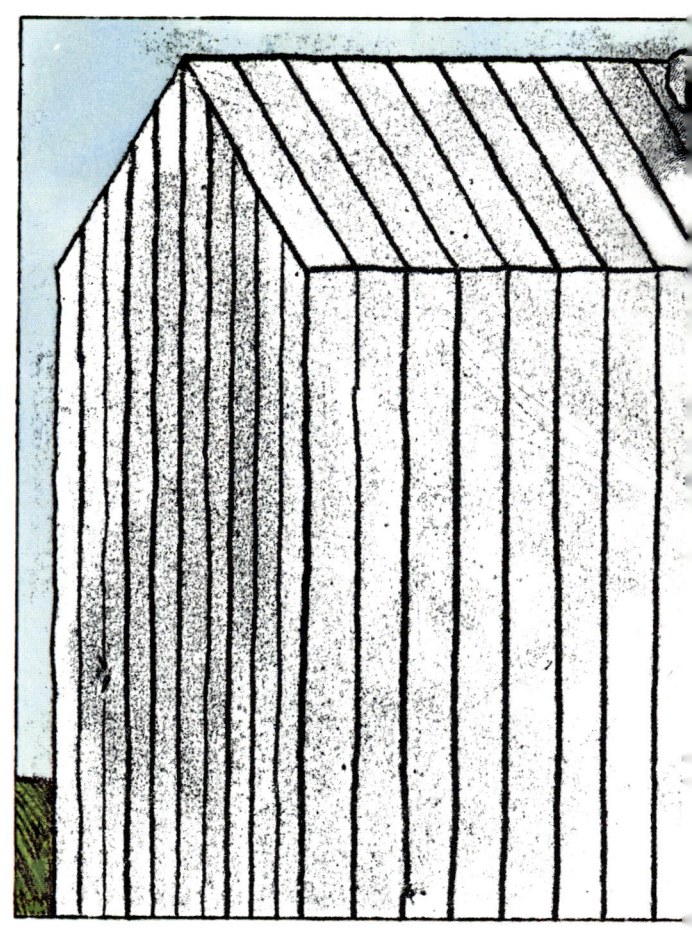

Mein Sonntagsvergnügen, die Ochsenzunge. Die
Woche über habe ich, wie die meisten Amateurköche,
für die Zubereitung eines Nachtmahls – Gemüsezurü-
sten und Tischdecken inbegriffen, – knapp anderthalb
Stunden Zeit. Nun, mit der Zeit lernt man seine Kniffe

98

und Tricks und spezialisiert sich auf Gerichte, die in zwanzig bis vierzig Minuten gar sind. Der Sonntag aber gehört den Zwei-, Drei- und Vierstündern: dem Bœuf à la mode, dem Osso buco, der **Ochsenzunge** vor allem.

Großmutters Kochbuch bezeichnet die Zunge als

99

»das feinste, delikateste und zarteste Stück am ganzen Ochsen«. Wenn ich dieses Urteil auch leicht übertrieben finde, so wundere ich mich doch, wie selten die Zunge bei meinen Freunden und Bekannten auf den Tisch kommt. Denn abgesehen von ihrem unverwechselbaren und köstlichen Geschmack, gebührt ihr das Kompliment, ein ungewöhnlich kommunikationsfreundliches Gericht zu sein. Will sagen, sie paßt vorzüglich zu den verschiedensten Beigaben: Kartoffel- oder Erbsenpüree, zu grünen Bohnen, Zuckererbsen und Spinat, zu Makkaroni, Kastanien, Sauerkraut oder Garniture flamande, die sich aus Rosenkohl, weißen Rüben, Karotten, Magerspeck und gekochter Wurst zusammensetzt. Vor allem aber ist die Ochsenzunge eine Herausforderung an den Saucen-Koch, besitzt sie doch die Eigenschaft, das Aroma einer Kapern- oder Champignon-Sauce, einer **Sauce Robert** oder **Sauce Soubise** voll zur Geltung zu bringen, ohne daß ihr eigenes dabei übertönt würde.

Voraussetzung für jedes Ochsenzungengericht ist die gekochte Zunge. Zu diesem Zweck wird die Zunge gut gewaschen, kurz abgekocht (besonders wenn es sich um ein geräuchtes Exemplar handelt) und dann in einem Sud gar gekocht, dem die folgenden Ingredienzen beigegeben wurden: zwei mittlere, je mit einer Gewürznelke besteckte Zwiebeln, das übliche Kräuterbukett, Salz und einige Pfefferkörner.

Die Kochzeit kann nicht in Minuten angegeben werden; sie richtet sich nach der Größe der Zunge und nach dem Alter des Tieres, von dem sie stammt. Gemeinhin rechnet man mit vierzig Minuten für jedes Pfund Fleisch, doch dürfte das die untere Grenze sein.

100

Sobald man den Eindruck hat, die Zunge sei gar, durchbohrt man sie am dickeren Ende mit einer Stricknadel. Dringt diese ohne Druckanwendung in das Fleisch, so nimmt man die Zunge aus dem Sud. Letzterer wird durchgeseiht und als Basis für eine Suppe aufgehoben. Die Zunge wird geschält, in Scheiben geschnitten und mit einer der oben genannten Beigaben oder Saucen serviert. Das ist die einfachste Art.

Man kann die gargekochte Zunge aber auch gratinieren, dämpfen oder schmoren. In der Provence zum Beispiel geht man auf diese Weise vor:

Die weichgekochte und abgehäutete Zunge wird in Scheiben geschnitten. Man hackt reichlich Petersilie und einige Knoblauchzehen sehr fein, belegt den Boden einer feuerfesten Schüssel mit dünnen Schinkenscheiben, streut von dem Kräuterhack darüber und deckt diese Unterlage mit einer Schicht Zunge. Das Überstreuen und Schichten wird wiederholt; zuletzt gießt man ein Glas Sud dazu, gibt Weißbrotkrümel darüber und gratiniert im Ofen.

In Italien wird die weichgekochte, abgehäutete Zunge sehr fein tranchiert.

Man bestreut den Boden einer gebutterten Gratinform dicht mit geriebenem Parmesan, legt eine Schicht Zungenscheiben darauf, benetzt sie mit Braten-Jus und fährt mit abwechselndem Legen von Zunge und Käse fort. Die oberste Käseschicht wird mit geschmolzener Butter beträufelt; dann schiebt man die Form ohne Deckel in den Ofen und überbäckt während einer Viertelstunde.

In England wird geschmorte Ochsenzunge so zubereitet:

Die Zunge wird weich gekocht und abgehäutet. Man bräunt in einem Schmortopf einen Eßlöffel Mehl in sechzig Gramm Butter, kocht diese Schwitze mit Zungenbrühe auf und gibt dazu eine feingehackte Zwiebel, einen Eßlöffel Petersilie, einen Eßlöffel Kapern, zwei feingehackte Sardellen, einige Zitronenscheiben, etwas Cayenne-Pfeffer oder Tabasco und Salz. In dieser Sauce schmort man die Zunge während einer knappen Stunde. Dann richtet man sie an, stellt sie warm, gibt der Sauce eine Glas Sherry und einen Eßlöffel Essig bei, läßt sie nochmals aufkochen und gießt sie über die Zunge.

Etwas komplizierter ist das Prozedere, das mein Küchenorakel, Mme. de Saint-Ange, vorschlägt.

Sie kocht die Zunge nur zu zwei Dritteln weich – was in den meisten Fällen etwa zwei Stunden gleichkommen mag. Die Zunge wird abgehäutet und, wenn sie erkaltet ist, mit fetten Speckriemen gespickt. In die Schmorpfanne wird ein Eßlöffel Fett oder Butter getan, sowie zwei in dicke Scheiben geschnittene Zwiebeln, die man auf kleinem Feuer etwa zehn Minuten dünstet. Dann legt man die gespickte Zunge in den Topf und bräunt sie während zehn Minuten auf der unteren Seite leicht an, wobei man Sorge trägt, daß die Zwiebeln nicht anbrennen. Die Zunge wird gewendet. Sollten sich die Zwiebeln zu stark bräunen, so gießt man ein wenig Wasser bei und setzt den Deckel auf. Nach weiteren zwei, drei Minuten werden drei bis vier Eßlöffel Essig hinzugefügt und zum Verdampfen gebracht. Nun gießt man zwei Gläser Sud oder Braten-Jus bei und verschließt, sobald die Sauce Blasen wirft, den Topf bis auf einen Spalt und läßt drei Viertelstunden köcheln, indem

102

man die Zunge des öfteren wendet und mit dem Braten-saft begießt. Dann richtet man die Zunge an, gibt die Sauce in ein Pfännchen, entfettet sie, kocht sie mit ganz wenig Stärkemehl auf und gießt sie über die Zunge. Diese Zubereitungsart heißt »Langue de bœuf à la mé-nagère«.

Habe ich am Mittwoch oder Donnerstag Zungen-liebhaber zu Gast, so weiß ich mir auch zu helfen. Die Zunge wird dann am Sonntag weich gekocht und mari-niert. Dieses Rezept, das mir eine alte Französin verriet und dem ich noch in keinem Kochbuch begegnet bin, lautet so:

Die Zunge wird weich gekocht, abgehäutet und in eine Essigmarinade gelegt, der Salz, Pfeffer, gehackte Zwiebeln, Gewürznelken und ein Lorbeerblatt beige-fügt wurden. Nach drei oder vier Tagen nimmt man die Zunge aus der Marinade, schneidet sie in Scheiben, taucht diese in Eiweiß, wälzt sie in Paniermehl und brät sie in Butter goldgelb. Vorher hat man eine Senf-Sauce angerührt: Fünf Eßlöffel Senf, Salz, Pfeffer, feinge-hackte Schalotten (oder Zwiebeln) und Petersilie wer-den mit etwas Olivenöl, Fleischbrühe und einem Löffel Essig vermengt und kalt zu den gebackenen Zungen-scheiben serviert.

Zu Tisch im alten Fès. Abdelkader hat seine Freunde zum Mittagmahl geladen. Er ist erst vierundzwanzig, aber heute darf er den Hausherrn spielen. Will heißen: er ißt nicht mit uns, sondern wacht darüber, daß alles wie am Schnürchen läuft und das Gespräch nie ins

Stocken kommt.

Sein jüngerer Bruder Driss geht mit Handtuch, Schüssel und einem Krug Wasser, in das ein Tropfen Rosenöl getan wurde, von Gast zu Gast; denn man wird nach Landessitte ohne Besteck, mit den Fingern essen.

Auf dem niedrigen Tisch mit der runden, ziselierten Messingplatte stehen ein Teller mit Fladenbroten und ein Dutzend Schälchen mit Salaten in allen Farben: Karotten, Fenchel, Rettich, Tomaten, Auberginen usf., teils roh, teils gekocht, zumeist mit Zitronen- oder Orangensaft angemacht und je nachdem mit Ingwer, Zimt, Safran, Kümmel, Paprika gewürzt. Einige sind auch leicht gezuckert oder mit Orangenblütenwasser parfümiert.

Der erste Gang wird aufgetragen, die **Bastela.**
Das ist ein runder, goldbraun gebackener Kuchen aus einer Art Blätterteig mit einer köstlichen Füllung, zu der es die folgenden Dinge braucht: das Fleisch von acht Tauben, ein Kilo geriebene Zwiebeln, eine Schale gehackte Petersilie, ein Pfund Butter, acht Eier, 300 g fritierte Mandeln, eine Tasse Zucker, Salz, Pfeffer, Zimt und Safran. Die Zubereitung der Bastela ist äußerst kompliziert und benötigt Werkzeuge und Backvorrichtungen, die man bei uns nicht kennt; ich verzichte darum auf die Mitteilung des Rezepts und widme mich dem zweiten Gang, der **Mruzia.**

Sie ist das traditionelle Gericht des »Aid el kebir«, des höchsten mohammedanischen Festtages. Alle Bestandteile der Mruzia sind auch bei uns erhältlich, mit Ausnahme des »Ras el hanut«.

Das ist eine Gewürzmischung, die in der marokkanischen Küche eine ähnlich wichtige Rolle spielt wie der Curry in der indischen. Er ist aus dreizehn Ingredienzen zusammengesetzt, von denen die folgenden auch bei uns bekannt sind: Kardamom, Mazisblüte, Muskatnuß, Cayenne-Pfeffer, Ingwer, schwarzer Pfeffer. Und hier das Rezept:

106

Für vier Personen benötigt man 800 g Schaffleisch, 200 g Rosinen ohne Kerne, 120 g Mandeln, eine große geriebene Zwiebel, 1 Dessertlöffel »Ras el hanut«, ein Teelöffel Pfeffer, ein Dessertlöffel Ingwer-Pulver, ein Briefchen Safran, 1 Teelöffel Zimtpulver, 100 g Butter und 4 Eßlöffel Honig. Man schneidet das Fleisch in ziemlich große Stücke, rührt »Ras el hanut«, Ingwer und Pfeffer mit ganz wenig Wasser an, reibt mit der Hälfte dieser Marinade die Fleischstücke ein und gibt diese nacheinander in den Topf. Salz, Butter, die zerstoßenen Mandeln und die geriebene Zwiebel werden hinzugefügt. Man füllt den Topf mit Wasser auf, deckt ihn zu und läßt unter öfterem Umrühren schmoren. Die Weinbeeren werden mit dem Rest der Marinade, dem Zimt und dem Honig vermengt und unter das Fleisch gemischt, sobald dieses fast gar ist. Weiterköcheln lassen, bis die Sauce eine sirupähnliche Konsistenz gewonnen hat.

Dritter Gang: Huhn auf zwei Arten zubereitet, die auf arabisch **Daschascha be limun m'rakad** und **Daschascha be l'berkuk u l'äsel** heißen.

Das erstere ist ein Huhn, das mit Oliven, Safran, Ingwer und Knoblauch in Öl geschmort und mit einer Sauce aus pürierter Hühnerleber, geriebener Zwiebel und Bratensaft angerichtet wird. Es ist garniert mit »Limun m' rakad«, eingemachten Zitronenschalen, die in Marokko sehr beliebt sind und folgendermaßen zubereitet werden:

Sehr reife Zitronen werden so gevierteilt, daß die Frucht beim Stielansatz noch zusammenhält. Man reibt das Fruchtfleisch mit Salz ein, fügt die Zitronen wieder zusammen, schichtet sie in einen Pokal, füllt mit lauwar-

107

mem Wasser auf, beschwert die Früchte mit einem Stein, verschließt das Gefäß und stellt es kühl. Nach einem Monat sind die »Limun m'rakad« gebrauchsfertig, doch wird nur die Schale verwendet und das Fruchtfleisch weggeworfen.

Daschascha be l'berkuk u l'äsel, zu deutsch Huhn mit Backpflaumen undHonig, wird so zubereitet:

Ein etwa drei Pfund schweres Huhn wird in Stücke geteilt und samt den Innereien in einen Topf gegeben. Man salzt, pfeffert, gibt einen Mokkalöffel Safran, einen Zimtstengel, eine große geriebene Zwiebel, 100 g Butter und ein großes Glas Wasser dazu, setzt den Deckel auf und schmort bei mittlerer Hitze, indem man die Stücke des öfteren wendet und, wenn nötig, etwas Wasser nachgießt. Ist das Fleisch gar, so nimmt man es aus der Sauce und stellt es warm. Nun gibt man 250 g Backpflaumen in den Topf und läßt sie eine Viertelstunde schmoren, fügt einen Teelöffel Zimtpulver und zwei Suppenlöffel Honig bei, köchelt weiter und achtet darauf, daß die Pflaumen nicht zerkochen. Kurz vor dem Anrichten fritiert man 200 g geschälte Mandeln in Öl. Die Pouletstücke werden in eine Schüssel gelegt, mit den Pflaumen bedeckt, der Sauce begossen und mit den Mandeln bestreut. Hat man Sesamsamen zur Hand, so wird dieser im Ofen gebräunt und zuletzt über das Gericht gegeben.

Nachdem die Hände wieder mit Rosenwasser gespült wurden, trägt Driss den Nachtisch auf: Orangen, frisch gepflückte, noch sonnenwarme Feigen, Datteln und Berge von Süßigkeiten: »Briuats«, in Öl gebackene Teigtaschen mit Mandeln und Honig gefüllt; »Griusch«, mit Orangenblütenwasser parfümierte Sesamplätz-

108

chen; »Kaab el ghzal« – Gazellenhufe, kleine Kipfel mit einer Mandelfüllung; »Ktefa« – in Öl fritierte papierdünne Fladen von denen je zwei Blatt mit einer Creme aus Eiern, Zucker, Milch und ein wenig Mehl farciert sind. Das Mahl wird durch die Tee-Zeremonie gekrönt.

Driss und ein Küchenjunge tragen den mit Holzkohlenglut geheizten Samowar herein und ein auf niedrigen Füßen ruhendes Tablett mit der Teekanne, drei silbernen Deckeldosen, von denen die erste chinesisches Grünteekraut, die zweite frisch gepflückte Pfefferminze und die dritte Zuckerstücke verschiedener Größe enthält. In die vorgewärmte Kanne wird Grüntee getan, etwas kochendes Wasser aufgebrüht und dieses abgegossen. Nun kommen Zuckerstücke, ein großes Büschel Pfefferminzkraut und sprudelndes Wasser in die Kanne, Abdelkader gießt sich ein halbes Glas ein, prüft den Süßigkeitsgrad, korrigiert, prüft von neuem und füllt dann die Gläser der Tafelrunde mit dem köstlich duftenden Gebräu.

Kochen für ganz feine Gäste. Das kann jedem passieren, daß er ganz feine, also ungemein verwöhnte Gäste zu bewirten hat. Und da ist dann guter Rat teuer.

So weit denkt zwar jede und jeder, daß die Formel »Hummer, Sekt und Kaviar« in einem solchen Falle das

110

denkbar Falscheste wäre. Das käme auf dasselbe hinaus, wie wenn man einem Konservenfabrikanten Büchsenwürste oder einem Bäcker Kuchen vorsetzte.

Vielmehr gilt es, dem Verwöhnten etwas aufzutischen, was er auf der Karte eines Drei-Sterne-Restau-

111

rants umsonst sucht und was aller Wahrscheinlichkeit nach auch im Repertoire seines Chefs oder seiner Köchin fehlt. Gerichte, die deshalb allenthalben rar geworden sind, weil sie eine ungewöhnlich lange und komplizierte Zubereitung erfordern.

Ochsenschwanz zum Beispiel. Man findet ihn als »Ox Tail Soup« auf manchem Speisezettel. Aber die stammt aus Büchsen und ist nicht das Wahre. Man könnte darum den verwöhnten Gast mit einer echten Ochsenschwanzsuppe überraschen und hätte dafür auch gleich zwei Rezepte zur Wahl, das englische und das französische, von denen das erstere die braune, gebundene und das zweite die klare Suppe meint. Bei beiden wird der Schweif in etwa daumenlange Stücke unterteilt, und beide erfordern eine Kochzeit von drei bis vier Stunden. Das ist beim **Ochsenschwanz** nun einmal so, darum kommt man nicht herum.

Für die englische Variante gibt es ein ungeheuer zeitraubendes und verwickeltes Rezept, das aber heute nur noch Kuriositätswert besitzt. Einfach hingegen ist diese Zubereitungsart:

Die Schwanzstücke und jene Gemüse, die auch für die Fleischsuppe gebraucht werden, also Sellerie, Karotten, Lauch, weiße Rüben und Zwiebeln, werden leicht eingefettet oder eingeölt und dann in Mehl gewälzt und so lange angebraten, bis der Mehlüberzug eine dunkelblonde Farbe angenommen hat. Man gießt mit Wasser oder besser mit Knochenbrühe auf und läßt vier Stunden kochen. Vor dem Servieren werden der Suppe einige Löffel Sherry oder Portwein beigegeben.
Bei der **französischen Spielart**

wird der Topfboden mit Knochen ausgelegt, darauf

112

gibt man die Schwanzstücke. Man übergießt das Ganze mit kaltem Wasser, salzt, läßt aufkochen und schäumt ab. Eine mit Nelken gespickte Zwiebel, ein Küchenbouquet aus Petersilie, Thymian, Lorbeer und einer Knoblauchzehe und die oben genannten Suppengemüse werden beigegeben und alles drei Stunden gekocht. Hier wird zur Verfeinerung außer Sherry und Portwein auch Madeira vorgeschlagen.

Soviel über die Ochsenschwanzsuppe. Sie ist so kräftig und nahrhaft, daß sie fast als Hauptgericht bestehen kann. Nur mit einer Suppe aufzuwarten wäre aber in unserm Falle doch des Understatements zuviel; weshalb wir unsere Liebesmühe gescheiter auf ein **Ochsenschwanz-Ragout** verwenden.

Dafür wird der zerteilte Schweif in halb Öl, halb Butter angebraten. Man nimmt die Schwanzstücke heraus und bereitet mit dem Bratenfond und ganz wenig Mehl eine blonde Schwitze. Diese löscht man mit Wasser oder Fleischbrühe, gibt das Fleisch, ein Kräuterbouquet sowie zwei Knoblauchzehen bei und schmort während drei bis vier Stunden. Weiße Rüben, goldig angebraten, sind die klassische Beigabe zu diesem Gericht. Wer sie nicht zur Hand hat, kann sich auch mit Karotten oder Kartoffeln begnügen.

Ochsenschwanzsuppe und -ragout haben den Vorteil, daß sie am Vortage zubereitet und dann nur aufgewärmt werden können. Das ist im Falle eines hohen Besuches sehr erwünscht. Dasselbe gilt auch für alle Arten Pasteten und Terrinen, die mehrere Tage haltbar sind und kalt serviert werden.

Pasteten und Terrinen zählen zu den *persönlichsten* Gerichten; sie eignen sich deshalb wie wenig anderes nicht nur für festliche Mähler, sondern auch als Geschenke. Ihre Herstellung ist zugegebenermaßen recht kompliziert und erfordert eine Handfertigkeit, die nur durch Übung erworben werden kann. Rezepte für Geflügel-, Wild- und Fleischpasteten und -terrinen finden sich in allen guten, vorzüglich aber in Kochbüchern älteren Datums. Die Krone der Gattung ist die Stopfleberterrine. Mein verstorbener Freund, der Kunsthändler Walter Feilchenfeldt, fabrizierte davon Anfang Dezember ein gutes Dutzend und verschenkte sie dann auf Weihnachten. Die in ihr eigenes Fett gebetteten Lebern waren innen blaßrosa und von unnachahmlicher, immer gleicher Konsistenz. Nie werde ich wieder so köstliche Stopfleber essen!

Nun wäre es allerdings im höchsten Grade unbesonnen, einen Ehrengast als Versuchskaninchen zu benutzen und ihm seine erste Pasteten-Kreation vorzusetzen. Die behalte man der lieben Familie oder intimen Freunden vor und entscheide sich für etwas so Narrensicheres wie **Vitello tonnato.**

Vitello tonnato, zu deutsch Kalbfleisch mit Thunfisch-Sauce, ist in Italien ein populäres Sommergericht, nördlich der Alpen aber noch wenig bekannt, so daß es für einen Überraschungseffekt einige Chancen bietet. Es besitzt ebenfalls den Vorteil, daß es im voraus zubereitet werden kann, präsentiert sich gut und schmeckt zu einem leichten, trockenen Weiß- oder Rotwein vorzüglich.

Für vier Personen werden anderthalb Pfund Kalbsnuß in einem Sud, dem man eine kleine Zwiebel, eine Karotte, ein Lorbeerblatt, eine kleine Sellerieknolle und einige Pfefferkörner beigegeben hat, während andert-

114

*halb Stunden sanft gekocht. Man läßt das Fleisch ver-
kühlen, legt es in eine enge Schüssel, übergießt es mit
seiner eigenen Brühe, der man einen Deziliter Weinessig beifügt, und läßt über Nacht ziehen. Vor dem Servieren schneidet man das Fleisch in nicht ganz fingerdicke Scheiben, die man dachziegelartig auf einer läng-
lichen Platte anordnet und mit der Thunfisch-Sauce bedeckt, die folgendermaßen hergestellt wird:*

*Der Inhalt einer Büchse Thunfisch wird mit zwei,
drei Sardellenfilets (wer's scharf mag, nimmt mehr)
ganz fein gehackt, leicht gesalzen, mit einem halben
Glas Olivenöl und dem Saft einer Zitrone vermischt und
durch ein Sieb getrieben. Die Sauce soll dickflüssig wie
eine eher dünne Mayonnaise sein. Zuletzt wird alles
reichlich mit Kapern bestreut und mit Zitronenvierteln
garniert.* Vitello tonnato bedarf, außer Weißbrot, keiner-
lei Beigabe.

Was die Nachspeise unseres Verwöhntenschmau-
ses betrifft, so sind auch hier Standard-Desserts zu ver-
meiden und durch etwas Schlicht-Originelles zu erset-
zen. Durch einen Kuchen nach Großmutters Rezept
etwa oder durch etwas so Simples wie ein
Heering-Eis. Dieses ist mir vor Jahren einmal »einge-
fallen«, und seither bestelle ich es jedesmal, wenn mir
auf der Karte keine Süßspeise zusagt; denn seine einzigen Zutaten:

*Vanille-Glace und der bitter-süße, dänische Kir-
schenschnaps namens Cherry Heering, gibt es so gut
wie überall. Dieser wird reichlich über das Gefrorene
gegossen – eine Kombination aus süß und bitter, die
auch den verwöhntesten Gaumen entzückt.*

Das Genie bei Tisch. Mein Beruf bringt es mit sich, daß ich oft für Tage mit Malern und Bildhauern unter einem Dach wohne, und da macht man dann seine Beobachtungen. Auch was die Eßgewohnheiten betrifft.

Am unergiebigsten war in dieser Hinsicht Picasso.

116

Er arbeitete meist bis in den frühen Morgen hinein und stand spät auf, meist erst gegen Mittag. Ob er dann eine Kollation zu sich nahm, weiß ich nicht. Aber so gegen ein Uhr machte er auf dem großen Tisch, der mit Zeichnungen, Büchern und Zeitschriften bedeckt war, eine

117

Ecke frei, Frau Jacqueline trug Brot, aufgeschnittene »Saucisson d'Arles« (eine provenzalische Salami-Art), schwarze Oliven und Rotwein auf, und wenn ich mich recht erinnere, wurde dieses frugale Mahl ohne Zuhilfenahme von Besteck verzehrt.

Von Chagall weiß ich nur, daß der für Kaviar und Engadiner Würste schwärmt. Denn als einmal das Gespräch auf die Schweiz kam, war nur von zwei Dingen die Rede: von seinen Enkelkindern, die in Basel aufwachsen, und von eben jenen Würsten, die er mit Worten der Verliebtheit bedachte. Sodann war ich einmal zu seinem Geburtstag geladen und war am Vortag stundenlang in einem tropisch heißen Paris herumgelaufen, um ein passendes Präsent zu finden. Schließlich entschloß ich mich zu einem hübschen Terrakotta-Topf, der mit zypriotischer Rosenkonfitüre gefüllt war. Diesen überreichte ich schön verpackt bei der Geburtstags-Cour. Chagall ergriff das Gefäß, wog es zwischen beiden Händen und rief strahlend: »Ah! Kaviar!«

Einmal arbeitete ich mit dem Photographen Franco Cianetti im Atelier Alberto Giacomettis. Es wurde spät, wir bekamen Hunger, und Cianetti schlug vor, bei ihm zu Hause einen Bissen zu essen. Es gab Kaninchenragout und Bratkartoffeln als Hauptgericht. Zu unserem Erstaunen füllte Giacometti seinen Teller das eine über das andere Mal und zwar mit Portionen, von denen eine jede ihren Mann genährt hätte. Schließlich gestand er, daß er seit 48 Stunden nichts zu sich genommen habe — so sehr sei er in die Arbeit vertieft gewesen.

Mit Joan Miró verbrachten wir eine kleine Woche in dem winzigen Weiler Gallifa, vierzig Kilometer hinter Barcelona in den Bergen. Dort haust der Kunsttöpfer

118

Artigas, mit dem Miró seine Keramikplastiken und -wände schafft. Artigas bewohnt ein altes katalanisches Bauernhaus, an das der Brennofen angebaut ist. Man aß in der Küche um einen großen, runden Tisch, während auf dem Holzherd die von Mutter und Tochter zubereiteten Gerichte brutzelten. Oder der junge Artigas briet am offenen Kamin ein Lamm oder Zicklein, indem er das sich am Spieß drehende Tier vermittels eines Rosmarinbüschels mit Olivenöl bepinselte. Einmal fuhren wir auch nach Barcelona, um in einer kleinen Hafenkneipe Glasaale in Öl zu kosten. Es gibt sie nur ganz kurze Zeit im Januar, und sie sehen aus wie durchsichtige, ganz feine Chinesennüdelchen. Jedem Gast wird ein feuerfestes Töpfchen vorgesetzt; wenn man den Deckel abhebt, brodelt das Öl noch und die Miniatur-Schlänglein winden und ringeln sich darin als ob sie lebendig wären.

Unvergeßlich sind mir die Frühstücke im Hause Artigas. Es gab Tee mit vielen Zugaben. Miró, der sich in seiner dicken Wolljacke ausnahm wie ein katalanischer Bauer, begnügte sich mit gebähtem Brot, das auf dem Kaminrost zubereitet wurde. Auf die heiße Brotschnitte goß er aus einem Kännchen einen Strahl Olivenöl; und zwar tat er das mit derselben exakten Bewegung des Handgelenks, mit der er tagsüber Steingutvasen und -schalen bemalte, und der Ölfaden fiel als kunstvolle Zeichnung auf die gebräunte Unterlage, von der sie in Sekundenschnelle aufgesogen wurde.

Thomas Mann tafelte, wie er wohnte. Er, der sich selber als »chronischen Villenbesitzer« bezeichnet hatte, hielt auf eine ausgesprochen gepflegte Küche und ausgesuchte Weine. Das Frühstück, das Goethe in

»Lotte in Weimar« offeriert, hätte mit der gleichen Speisenfolge auch im Hause Mann stattfinden können. Wie es überhaupt reizvoll wäre, aus dem Gesamtwerk alle Stellen, die vom Essen handeln, herauszusuchen. Man fände dort vom einsamen Abendimbiß Herrn van der Qualens im »Kleiderschrank« über die Wirsingkoteletts in »Unordnung und frühes Leid« und die Damenparty der Frau Potiphar im »Joseph« bis zu den Tafelfreuden im »Felix Krull« Belege genug für des Autors Neigung zu erlesenen Speisen und leicht zeremoniellen Tafelsitten. Für sein Vermögen vor allem, die Wesensart einer Romanfigur durch die Erwähnung ihrer kulinarischen Vorlieben zu umschreiben.

Jean Cocteau bekundete im Essen wie in jeder andern Lebensäußerung unfehlbaren Geschmack. War er in Paris, so speiste er regelmäßig im »Grand Véfour«, wo er und Colette Stammsitze hatten, die mit kleinen Namensschildern markiert waren und es wohl heute noch sind. In seinem Landhaus in Milly-la-Forêt unweit Fontainebleau wurde ländlich einfach, aber vorzüglich gegessen. Des Dichters Leibspeise war gebratene Hammelkeule mit jenen hellgrünen Bohnenkernen, die in Frankreich »flageolets« heißen. In Paris pflegte Cocteau das Mahl mit einem Gläschen Burgunder Weintrester einzuleiten; auf dem Lande mixte er einen Apéritif, den wir **Cocteau-Cocktail** getauft haben. Das Rezept:

Über Eisstücke werden ein Glas Cognac, ein Glas Cherry Brandy und ein Glas frischgepreßter Orangensaft gegossen. Das Ergebnis ist eine anmutige Variante der allbekannten Mischungen »White Lady« und »Side Car«. Jedesmal, wenn ich den Cocteau-Cocktail koste,

120

steht mir der letzte Besuch in Milly-la Forêt vor Augen. Es war im Juli 63, wenige Wochen vor Cocteaus Tod. Der Sauerkirschenbaum vor seinem Hause war hellrot gesprenkelt mit reifen Früchten, Cocteau, noch kaum erholt von einer Herzattacke, trug ein weißes Pyjama und darüber einen Bademantel aus weißem Frotté-Stoff. Seine langen, schmalen Hände, auf deren Schnitt er stolz war, hantierten mit Flaschen und Gläsern, der Sommerwind wühlte im Laub, und nachher gab es, wie gewöhnlich, Lammkeule mit grünen Bohnenkernen ...

Der Dill- und Sahnefürst. Fürst B. haust in einer winzigen Wohnung fünf Stockwerke hoch über dem linken Tiberufer Roms. Er ist Russe, um die achtzig und einer der letzten, die sich noch im Glanz des Zarenhofes gesonnt haben. Eine bescheidene Rente sichert seine

Existenz, doch muß er sich jeden Luxus versagen. Als er sich einmal beklagte, eine Einladung zu einem Landaufenthalt aus Geldmangel nicht annehmen zu können, und ich ihm vorrechnete, daß er außer dem Reisegeld ja nichts ausgeben werde, entgegnete er melancholisch:

123

»Mein Lieber, wenn ich mich nur bewege, kostet es Tausende!« Aus diesem Grunde geht er nur selten aus und verbringt seine Tage auf der Dachterrasse, die sich rings um seine Wohnung zieht und einen prächtigen Blick auf die Kuppeln Roms bietet. Dort wachsen weiß und rosa blühende Oleanderbüsche in Kübeln; und dort wird auch das Kraut gezogen, aus dem die Küche des Fürsten ihren Ruhm bezieht: Dill.

Die Italiener haben vieles, um das man sie mit Recht beneidet – aber Dill kennen sie nicht. Um so begeisterter äußern sie sich dann, wenn sie an des Fürsten Tafel dieses köstliche Kraut zum erstenmal kosten.

Der Hausherr gebraucht es in verschwenderischen Mengen; denn er behauptet, daß Dill nicht nur das feinste, aromatischste und erfrischendste Gewürz der Welt sei, sondern auch das einzige, mit dem man nicht zu geizen brauche.

Der zweite Pfeiler von B.s Küche heißt Sahne – süße und saure. Auch an ihr wird nicht gespart, und oft tritt sie mit dem Dillkraut schwesterlich vereint auf. Im Gurkensalat zum Beispiel, der nichts anderes enthält als fein geschnittene Gurkenscheiben, Salz, Pfeffer, saure Sahne und reichlich frischgehackten Dill. Oder in der **Okroschka,** einer geeisten Dillsuppe, die den heißesten römischen Sommertag zu verzaubern vermag und selbst den Scirocco vergessen läßt.

Da es in Italien keinen Kwas gibt, läßt B. dieses säuerliche, leicht alkoholhaltige, aus Brot, Zucker und obergäriger Hefe hergestellte Getränk weg und bereitet die **Okroschka** folgendermaßen zu:

Als Basis dient eine nur aus Gemüsen und ohne Fleisch gekochte Bouillon, die kalt gestellt wird. Ihr wer-

124

den diese guten Dinge hinzugefügt: in kleine Stücke geschnittener, gekochter Magerschinken, zwei bis drei Gurken in feinen Scheiben, ebenso viele gehackte, harte Eier, etwas geriebene Zwiebel oder Schnittlauch, Salz, Pfeffer und reichlich – mindestens eine Teetasse voll – gehackter Dill. Zum Schluß wird saure Sahne beigegeben, die Suppe für mehrere Stunden in den Eisschrank gestellt und dann mit darin schwimmenden kleinen Eisstücken serviert.

Das ist B.s einfaches Okroschka-Rezept; beim üppigeren werden die Zutaten um eine Tasse gebratenes Wildbret, eine Tasse kalten Kalbsbraten, eine halbe Tasse gekochte Ochsenzunge und eine Tasse kaltes Rindfleisch – alles in kleinste Stücke geschnitten – vermehrt.

Botwina, ein anderes Ruhmesblatt aus des Fürsten Rezeptbuch, ist eine Fischsuppe, die ebenfalls eiskalt gegessen wird. Ihre Zubereitung gleicht jener der Okroschka mit diesen beiden Abänderungen:

Die fleischlose Bouillon, die auch hier als Basis dient, wird aus Spinat, Sauerampfer und den Blättern der roten Beete bereitet; ein Teil dieser Gemüse wird fein geschnitten der Suppe beigegeben. Anstelle der verschiedenen Fleischsorten wird der Suppe ein tags zuvor abgekochter, in zierliche Stücke zerpflückter Hecht beigegeben. Genau wie die Okroschka wird auch die Botwina großzügig mit Dill und Sahne angereichert, einige Stunden kalt gestellt und mit schwimmenden Eisstückchen aufgetragen.

Mit reichlich Dill und süßer Sahne, in die zwei Eigelb verquirlt werden, macht B. aus einer gewöhnlichen Büchsensuppe – Geflügel- oder Spargel-Crème – ein

125

Gericht, das ihm die schmeichelhaftesten Komplimente einträgt, und die gleiche Zauberformel dient ihm bei der Zubereitung der Saucen, die er zu gesottenem Fisch oder zu im Sud gekochten Scampi und Gambaretti reicht. Eine weiße Mehlschwitze, die mit dem Fisch- oder Krebssud aufgefüllt wird, erhält ihren Glanz durch die Beigabe von süßer Sahne und reichlich gehacktem Dill. Auch die Mayonnaise, die er über einen Salat aus kaltem Fisch und anderen Meerfrüchten gießt, wird mit Dill und süßer Sahne verfeinert.

Wie man sieht: Die Rezepte der fürstlichen Küche sind äußerst einfach. Das Geheimnis ihrer Wirkung aber besteht darin, daß B. nur die erlesensten und frischesten Grundstoffe verwendet. Wenn darum bei der kalten Suppe Schinken und Kalbsbraten vorgeschrieben sind, so sind damit nicht irgendwelche Fleischreste gemeint, sondern Stücke erster Güte und sorgfältigster Zubereitungsart. Um sich wirklich gartenfrische Gemüse zu verschaffen, überwindet B. sogar seine Abneigung gegen Gänge durch die Stadt. Wenn immer möglich, läßt er sich dann von seinem Faktotum begleiten, einem Burschen namens Adriano, der hin und wieder im Hause aushilft. Als B. einmal eine Weihnachtsgans einkaufen ging, begleitete ich ihn. Vor der Haustüre sagte er, den Fürsten herauskehrend: »Adriano, du siehst, daß ich mich mit meinem Freunde unterhalten will. Geh fünf Schritte hinter uns!« Nachdem der Kauf bei einem renommierten Wild- und Geflügelhändler bei der Fontana di Trevi getätigt war, erhielt Adriano, der den kostspieligen Vogel trug, Anweisung, von nun an fünf Schritte *vor* uns zu gehen . . .

Die Gans wurde nach den üblichen Vorbereitun-

126

gen mit gestoßenem Kümmel und Salz innen und außen eingerieben und gefüllt mit einem Pfund in heißer Fleischbrühe aufgequellter Buchweizengrütze. Das Tier wurde zugenäht und in eine Bratpfanne gelegt, deren Boden mit kleingehackten Zwiebeln bestreut war. Es wurde mit etwas Fleischbrühe und dann mit der ausgebratenen Brühe fleißig begossen. Als der Braten gar war, wurde er aus der Pfanne genommen, die Sauce mit einem Löffel Mehl verrührt und, nachdem das Fett abgeschöpft war, mit Fleischbrühe verdünnt.

Bei der nächsten Gans, deren Zubereitung ich beiwohnen durfte, wurde die Buchweizengrütze durch feingeschnittenes Sauerkraut ersetzt, das mit Butter und vier gehackten Zwiebeln gedünstet worden war. Und die dritte erhielt eine Füllung aus kleingeschnittenen Äpfeln, denen Salz und reichlich Majoran beigefügt waren.

Und nun warte ich gespannt auf die vierte, fürstliche Gans.

Bibliographie

Universal-Lexikon der Kochkunst, Leipzig 1878

Praktisches Kochbuch für die gewöhnliche und feinere Küche von Henriette Davidis, Bielefeld und Leipzig 1882

Emmeline Raymond, *Le Nouveau Livre de Cuisine,* Paris 1890

La Cuisine de Madame Saint-Ange, Larousse, Paris 1958

Raymond Olivier, *La Cuisine,* Bordas, Paris 1965

Eva Maria Borer, *Alte und neue Küche in der Schweiz,* Schweizer Verlagshaus AG, Zürich 1971

Alice Vollenweider, *Aschenbrödels Küche,* Diogenes Verlag, Zürich 1971

Latisa Bennani Snires, *La Cuisine Marocaine,* J. P. Taillandier, Paris 1971

Inhalt

1. Vergnügen mit Kochbüchern 8
2. Ein Hauch von Knoblauch 14
3. Des Junggesellen Trost 20
4. Ferenc kocht einfach und vernünftig 26
5. Futter für Löwe und Einhorn 32
6. Küchenerinnerungen —
   anekdotisch-praktisch 38
7. Erfahrungen mit Suppen 44
8. Cucina povera — Armeleute-Küche 50
9. Das Huhn von Marengo 56
10. Rezepte aus ›ersten Kreisen‹ 62
11. Topfgucken auf Reisen 68
12. Das Geheimnis des Haushofmeisters 74
13. Delikates aus dem Inneren des Kalbes 80
14. Kulinarische Gastspiele 86
15. Die ›Kronenhalle‹-Wirtin
    plaudert aus der Schule 92
16. Mein Sonntagsvergnügen, die Ochsenzunge 98
17. Zu Tisch im alten Fèz 104
18. Kochen für ganz feine Gäste 110
19. Das Genie bei Tisch 116
20. Der Dill- und Sahnefürst 122

Bibliographie 128

Geschichten, Sammlungen, Märchen und Abenteuer

Lewis Carroll. Briefe an kleine Mädchen
Aus dem Englischen übersetzt und herausgegeben von
Klaus Reichert. Mit Fotografien des Autors. it 172

Lewis Carroll. Geschichten mit Knoten
Herausgegeben und übersetzt von W. E. Richartz. Mit
Illustrationen von Arthur B. Frost. it 302

James Fenimore Cooper. Lederstrumpf
Bearbeitung der Übersetzung von E. Kolb durch Rudolf
Drescher. Mit Illustrationen von D. E. Darley. it 179/180/
181/182/183

Alphonse Daudet. Tartarin von Tarascon
Die wunderbaren Abenteuer des Tartarin von Tarascon.
Mit Zeichnungen von Emil Preetorius. it 84

Daniel Defoe. Robinson Crusoe
Mit Illustrationen von Ludwig Richter. it 41

Charles Dickens. Oliver Twist
Aus dem Englischen von Reinhard Kilbel. Mit einem
Nachwort von Rudolf Marx und 24 Illustrationen von
George Cruikshank. Vollständige Ausgabe. it 242

Die großen Detektive
Detektivgeschichten mit Auguste Dupin, Sherlock Holmes und Pater Brown. Herausgegeben und mit einem
Nachwort von Werner Berthel. Mit zeitgenössischen Illustrationen von George Hutchinson. it 101

Alexandre Dumas. Der Graf von Monte Christo
Mit Illustrationen von Pavel Brom und Dagmar Bromova.
Zwei Bände. it 266

Die Erzählungen aus den Tausendundein Nächten
Einleitung von Hugo von Hofmannsthal. Vollständige
Ausgabe in zwölf Bänden. Nach dem arabischen Urtext
der Calcuttaer Ausgabe aus dem Jahre 1839 übertragen
von Enno Littmann. Mit farbigen Miniaturen. it 224

Geschichten, Sammlungen, Märchen und Abenteuer

Ein Fisch mit Namen Fasch
und andere Gedichte und Geschichten von Menschen
und anderen Menschen. Mit vielen Bildern zusammengestellt von Elisabeth Borchers. it 222

Manuel Gassers Köchel-Verzeichnis
Kulinarische Erinnerungen und Erfahrungen mit vie-
len seltenen Rezepten. Mit Illustrationen von Heinz
Edelmann. Vierfarbendruck. it 96

Manuel Gasser. Die Küche meiner Tante Mélanie
Französische Hausmannskost von anno dazumal. Mit
Illustrationen von Boris von Borodine. it 192

Gebete der Menschheit
Religiöse Zeugnisse aller Zeiten und Völker. Herausgegeben von Alfonso M. di Nola. Zusammenstellung
und Einleitung der deutschen Ausgabe von Ernst Wilhelm Eschmann. it 238

Grandville. Bilder aus dem Staats- und Familienleben
der Tiere
Zwei Bände. Mit einem Nachwort von Karl Riha. it 214

Wilhelm Hauff. Märchen
Band I und II. Herausgegeben von Bernhard Zeller. Mit
Illustrationen von Theodor Weber, Theodor Hosemann
und Ludwig Burger. it 216/217

Zum Kinderbuch
Betrachtungen. Kritisches. Praktisches. Herausgegeben
von Jörg Drews. Mit einem Index der Benjaminschen
Kinderbuchsammlung und Illustrationen aus alten Kin-
derbüchern. it 92

Kinder- und Hausmärchen gesammelt durch die Brüder
Grimm
Mit den Zeichnungen von Otto Ubbelohde und einem
Vorwort von Ingeborg Weber-Kellermann. Drei Bände.
it 112/113/114

Das große Lalula
und andere Gedichte und Geschichten von morgens bis
abends für Kinder. Zusammengestellt von Elisabeth
Borchers. Mit Illustrationen. it 91

Bilderbücher, Geschichten und Cartoons

Karl Arnold. Das Steuermännlein
und andere Bildergeschichten. Mit einem Aufsatz von
Ernst Penzoldt. it 105

Monika Beisner. Das Adreßbuch für Kinder
Mit Bildern und Geschichten. Vierfarbig. it 294

Friedrich Johann Justin Bertuch. Bilder fremder Länder
Mit farbigen Illustrationen. it 248

Das Buch vom Essen und Trinken
Zusammengestellt und herausgegeben von Karin Kiwus
und Hennig Grunwald. it 293

J. H. Campe. Bilder-Abeze
In 23 Fabeln und illuminierten Kupfern. Herausgegeben
und mit einem Nachwort von Dietrich Leube. it 135

Der Familienschatz
Mit Holzschnitten und Zeichnungen von Ludwig Richter.
it 34

Hans Hillmann. ABC-Geschichten von Adam bis Zufall
Bildergeschichten. it 99

Hermann Hesse. Kindheit des Zauberers
Ein autobiographisches Märchen. Handgeschrieben,
illustriert und mit einer Nachbemerkung von P. Weiss. it 67

Hermann Hesse. Piktors Verwandlungen
Ein Liebesmärchen, vom Autor handgeschrieben und
illustriert, mit ausgewählten Gedichten. it 122

Güll/Pocci. Kinderheimat in Liedern und Bildern
Lieder von F. Güll, Bilder von F. Pocci. it 111

Arturo Heras. Am Anfang war das Huhn
Bildergeschichten. it 185

Konfuzius und der Räuber Zhi
Chinesische Bildergeschichten. Herausgegeben und aus
dem Chinesischen übersetzt von E. Harbsmeier. it 278

Bilderbücher, Geschichten und Cartoons

Arnold Lobel. Die Geschichte vom Jungen der immer Hunger hatte
Erzählt nach einem russischen Märchen von Cynthia Jameson. Mit Bildern von Arnold Lobel. Aus dem Amerikanischen von Ingrid Westerhoff. it 312

Arnold Lobel. Mäusegeschichten
Aus dem Amerikanischen von Jörg Drews. Vierfarbendruck. it 173

Aus der Traumküche des Winsor McCay
Einunddreißig Comics. Übersetzt, ausgewählt und mit einem Nachwort versehen von Angela Praesent. it 193

Guillermo Mordillo. Das Giraffenbuch
Cartoons. Mit mehrfarbigen Abbildungen. it 37

Guillermo Mordillo. Das Giraffenbuch 2
Cartoons. Mit mehrfarbigen Abbildungen. it 71

Guillermo Mordillos Träumereien
und andere wunderliche Geschichten. Mit mehrfarbigen Abbildungen. it 108

Mutter Gans oder die alten Ammenreime
Mit Bildern von Kate Greenaway. Ins Deutsche gebracht von Elisabeth Borchers. it 28

Neuester Orbis Pictus
Vierfarbendruck. Faksimile. it 9

Onkel Lubins Abenteuer
Erzählt und illustriert von W. Heath Robinson. Aus dem Englischen von Reinhard Wagner. it 254

Oski's Buch der Erfindungen
Bildergeschichten. it 227

Franz Pocci. Kindereien
Verse und Zeichnungen von Franz Pocci. Ausgewählt und mit einem Nachwort von Dietrich Leube. it 215

Bilderbücher, Geschichten und Cartoons

Wilhelm Schlote. Das Elefantenbuch
it 78

Wilhelm Schlote. Fenstergeschichten
Vierfarbendruck. it 103

Wilhelm Schlote. Die Geschichte vom offenen Fenster
Vierfarbendruck. it 287

Walter Schmögner. Das Drachenbuch
Vierfarbendruck. it 10

Walter Schmögner. Ein Gruß an Dich
Bildergeschichten. Mit farbigen Abbildungen. it 232

Walter Schmögner. Das unendliche Buch
Für Kinder. Vierfarbendruck. it 40

Rodolphe Töpffer. Komische Bilderromane
Herausgegeben von Karl Riha. Zwei Bände. it 137